차별 없는
그리스도의
공동체

성소수자 교인 목회 및 선교 안내서

성소수자목회연구모임

차별 없는
그리스도의
공동체

성소수자 교인 목회 및 선교 안내서

성소수자목회연구모임

기사연

차별 없는 그리스도의 공동체
성소수자 교인 목회 및 선교 안내서

ⓒ 2022 성소수자목회연구모임

2022년 2월 15일 초판 1쇄

지은이 성소수자목회연구모임
　　　　남궁희수 동혁 박영락 수수꽃다리 송진순 이동환
　　　　이명화 임보라 자캐오 전남병 최형묵
그　림 해츨링
펴낸이 김영주
펴낸곳 도서출판 기사연

등록 2022년 1월 21일　251002022000004
주소 서울시 서대문구 충정로11길 20
전화 02-312-3317
e-mail cisjd@jpic.org
http://www.jpic.org
facebook.com/cisjd
instagram.com/cisjd_eze

책번호 2022-1
ISBN 979-11-977772-0-2　03230

CISJD Books, Seoul
Printed in Korea

＊ 책값은 뒤표지에 있습니다.

발간사

교회에서 성소수자 이야기를 꺼낸다는 것은 괜히 긁어 부스럼을 만드는 일일까요? 한국교회에서 이에 대해 언급하는 것 자체가 금기시되어 온 것은 사실입니다. 그러나 우리 사회에서 성소수자의 존재가 알려지고 여러 계기를 통해 그 인식이 급격히 변화하면서 더는 이 문제를 외면할 수 없게 되었습니다. 무엇보다 교회 안에도 엄연히 성소수자들이 존재한다는 사실은 교회에 중요한 과제를 제기해주었습니다. 성소수자를 인식하고 그에 대해 적절한 태도를 취하는 것은 이제 피할 수 없는 교회의 목회적·선교적 과제가 되고 있습니다.

그러나 아직 한국교회에서는 이에 관한 논의가 충분히 이뤄지지 못하고 있습니다. 일각에서 뜨거운 쟁점이 되고 있음에도 불구하고 본격적인 논의는 제대로 시작조차 하지 못한 상황입니다. 일종의 정치적 쟁점으로만 다뤄지고 있을 뿐 목회적·신학적 논의는 제대로 이뤄지지 않고 있습니다. 최근 국내에서 다수의 관련

신학 서적들이 쏟아져 나오고 있는데도 교회의 공식적 논의는 여전히 본격화하지 않고 있는 안타까운 현실입니다.

성소수자에 대해 접근하는 것은 여러 가지 과제를 포함합니다. 성소수자 존재 자체를 어떻게 인식해야 할지, 그들이 예수 그리스도를 따르는 신실한 신앙을 추구할 때 교회는 과연 어떻게 받아들여야 할지, 나아가 성소수자로서 교회의 책임 있는 역할을 맡는 것이 가능한지 등등의 물음에 대한 답을 찾아나가야 합니다. 이미 해외 교회들이 서로 다른 의견으로 진통을 겪으면서 오랫동안 그 답을 찾고자 노력해온 그 과정을 이제 한국교회도 피할 수 없게 되었습니다.

과연 어떻게 접근할 수 있을까요? 교회 전반의 공적 입장을 선택하는 데는 보다 충분한 대화와 협의의 과정이 필요합니다. 해외 교회들의 경험에 비추어볼 때, 단일한 입장으로 최종 결론이 나기는 쉽지 않아 보입니다. 서로 다른 견해를 가지고 있더라도 각기 서로를 존중하는 잠정 결론에 이를 수 있다면 다행일 것입니다. 견해가 다르다는 이유로 정죄하는 태도를 넘어서는 것만으로도 한국교회의 상황에서는 놀라운 진전이라 할 것입니다.

이 안내서는 하나의 징검다리 역할을 의도하고 있습니다. 굳이 말하자면 성소수자로서 신실한 신앙을 추구하는 그리스도인을 교회의 입장에서 어떻게 받아들여야 할 것인가 하는 문제의식이 그 기본 바탕을 이루고 있습니다. 혹 다른 견해를 가진 분들에게 불편하게 느껴지는 어떤 편향이 보인다면 그 때문일 것입니다. 당장 성소수자로서 고민하는 그리스도인을 마주한 교회의 입장에서 그 존재를 부정하거나 거부하는 태도를 취할 수는 없는 노릇입니다. 그 점에서 이 안내서는 '도움을 요청하는 이에게 긴급히 도움의 손길을 내미는 것'과 같은 성격을 띨 수밖에 없었습니다. 손길을 내미는 입장에서는 그 정당한 이유를 다시금 새기지 않을 수 없었고, 이로부터 교회는 본질적으로 그 누구든 조건 없이 환대하는 공동체라는 엄연한 진실을 되새기게 되었습니다.

환대하는 공동체는 성소수자들로만 구성되는 특수한 교회를 뜻하지 않습니다. 누구나 안전을 보장받고 존중받는 교회의 본질을 구현하는 것을 의미합니다. 성소수자만이 아니라 어떤 이유로든 소수자의 위치에 있는 사람들과 그 밖의 모든 이들이 함께 어울리는 공동체로서의 교회입니다. 환대하는 공동체의 다른 이름인 '무지개교회'는 바로 이와 같은 의미를 지닙니다.

이 안내서를 펴내는 과정은 그 자체로 하나의 모험이었습니다. 아직 교회의 공적 입장이 채택되지 않은 사안이기에 조심스러울 수밖에 없습니다. 그러나 이미 피할 수 없는 과제가 되고 있는 사안에 대해 계속해서 침묵한다는 것은 교회의 선교적 과제를 방임하는 것과 다르지 않습니다. 한국기독교교회협의회(NCCK) 정의·평화위원회는 교회협 헌장의 정신을 따라 오늘의 시대상황에서 복음을 육화하는 과제를 중요한 선교적 과제로 인식하고, 이러한 문제의식을 바탕으로 성소수자교인목회연구소위원회를 구성하여 이 안내서를 펴내게 되었습니다. 말미에 제작 과정을 통해 밝힌 바와 같이 수차례의 공적 결의와 논의, 검토 과정을 거쳤습니다. 물론 이 안내서가 한국교회의 최종적인 교리적 혹은 신학적 선언과 같은 성격을 띤 것은 아닙니다. 그러기에 다른 견해를 갖고 있는 분들에게는 여전히 불편하게 받아들여질 수도 있고, 일종의 도발처럼 여겨질지도 모릅니다. 하지만 앞서 밝힌 바와 같이 고민하는 이들에게는 길잡이 성격을 띤 안내서요, 교회의 공적 의견을 형성해나가고자 하는 이들에게는 일종의 제안서와 같은 것으로 받아들여지기를 바랍니다.

끝으로 이 안내서를 제작하는 데 수년간 함께하며 수고한 이들에게 감사드립니다. 남궁희수, 동혁, 박영락, 송진순, 수수꽃다리, 이동환, 이명화, 임보라, 자캐오, 전남병, 최형묵 등이 함께 공부하며 의견을 나누고, 때로는 진지한 워크숍을 하는 가운데 떨리는 마음으로 이 안내서를 펴내는 일에 함께하였습니다. 만화를 통해 내용을 보다 쉽게 풀어주신 만화작가 해슬링 님, 그리고 이름을 일일이 밝히지 않지만 수차례에 걸친 초고 검토 과정에서 의견을 주어 내용을 충분히 보완할 수 있도록 해주신 모든 분들께도 감사드립니다. 정말 많은 분들이 진지한 의견을 주셨으며, 가능한 한 그 의견을 받아들여 수정 보완하려고 애썼습니다. 이 안내서를 제작하기 위하여 특별히 헌금을 해주신 교회에도 감사드립니다. 이 안내서의 최종 출간을 맡아주신 한국기독교사회문제연구원 김영주 원장님께도 깊이 감사드리지 않을 수 없습니다. 애초 교회협에서 직접 출간하고자 하였으나, 공식 입장이 채택되지 않은 상황에서 소모적인 논란에 휩싸일 수도 있기에 이 안내서의 취지대로 꼭 필요한 이들에게 전해지기를 바라는 배려로 출간을 맡아주셨습니다.

그저 작은 발걸음에 지나지 않지만, 이 안내서가 한국교회 안에서 성소수자에 관한 성숙한 논의를 진전시키는 데 하나의 징검다리로서 그 역할을 다할 수 있기를 바랍니다.

2022년 1월
집필진을 대신하여
한국기독교교회협의회 정의·평화위원회
성소수자교인목회연구소위원회 위원장 최형묵

안내서를 제작한 이유와 목적

오늘 우리 사회와 교회에서는 성소수자에 대한 인식과 태도를 둘러싸고 논란이 격화되고 있으며, 생각이 다른 사람들 사이에 실제적인 대립과 갈등도 나타나고 있습니다.

한편으로는 성소수자의 존재와 인권에 대한 의식이 높아지면서 성소수자를 동등한 사회구성원으로 받아들이는 태도가 확산되고 있습니다. 성소수자의 존재와 삶을 긍정하는 '퀴어축제'가 열린 지 오래되었고, 영화와 드라마 등 대중문화에서도 성소수자의 삶을 진지하게 바라보고 생각할 수 있는 작품들이 늘어나고 있습니다. 교회에서도 오래전부터 성소수자와 연대하는 그리스도인들이 있어 왔고, 최근 일부 교단에서는 성소수자를 이해하고 함께하기 위하여 관련 위원회를 구성하여 신학적·목회적·선교적 숙고와 토론의 계기를 마련하고 있기도 합니다.

그러나 다른 한편으로 교회 안에는 여전히 성소수자를 '비정상' 또는 '죄인'으로 인식하는 태도가 강하게 남아 있습니다. 성소수자를 도덕적으로 용인할 수 없는 비정상으로 인식하여 억압 또는 치유의 대상으로 간주하기도 하고, 극심한 혐오의 시선으로 바라보기도 합니다. 대부분의 개신교 교단은 아예 성소수자를 죄인으로 낙인찍고, 이들을 이해하거나 인정하려는 활동을 금지하고 있습니다. "수많은 성적 소수자들을 낭떠러지로 내모는 것이 얼마나 잔인하고 반성경적이고 반인륜적인…"이라고 절규하며 스스로 목숨을 끊은 육우당(六友堂)의 이야기는 아직 끝나지 않았습니다. 그동안 우리 사회에서 지속적으로 시도되어 온 '차별금지법'이 아직까지 제정되지 못한 것도 바로 이러한 사회적·종교적 편견 때문입니다.

성소수자의 존재와 인정을 둘러싼 논란과 갈등은 많은 물음을 일으킵니다. 인류 가운데 성소수자는 얼마나 될까? 우리 가족과 일터와 교회에 성소수자는 없을까? 특정한 '성적 지향'과 '성별 정체성'은 선택할 수 있는 것일까? '왼손잡이'가 소수라고 해서 비정상이 아닌 것처럼 성소수자도 비정상은 아니지 않은가? 그리스도인에게는 몇 가지 물음이 더 있습니다. 성경은 성소수자에 대해 어떻게 말하고 있는가? 성경에는 명백히 동성애를 정죄하는 것처럼 보이는 구절들이 있지 않은가? 동성애를 반대하고 금지하는 일부 교단의 결정은 성서적·신학적으로 정당한 것인가? 오랫동안 인종이나 성별에 따른 차별과 불평등이 성경의 문구를 근거로 정당화되었지만 오늘날에는 사회에서만이 아니라 교회에서도 더는 정당화되지 않는 것처럼 동성애와 관련된 것으로 간주되는 성경의 문구도 근본적으로 재해석돼야 하지 않을까? 모든 이를 차별 없이 사랑하신 예수 그리스도께서 주신 복음의 빛에 비추어볼 때 성소수자는 차별받고 정죄받고 배제되어야 할 죄인인가?

이 안내서의 목적은, 첫째로 성소수자에 대해 열린 마음으로 묻고 답을 찾으려는 그리스도인 목회자와 평신도에게 성찰과 실천을 위한 작은 길잡이가 되어주는 것입니다. 어느 쪽이든 자신의 입장을 수정하지 않으려는 이들에게는 이 안내서가 만족스럽지 못할 수도 있을 것입니다. 그러나 그런 경우에도 자신의 신념에 대해 더 정직하게 성찰할 수 있는 기회를 부여해준다면 이 안내서는 의미가 있을 것입니다. 둘째로 자신의 존재와 신앙의 괴리로 인해 고민하며 힘겨워하는 '성소수자 그리스도인'에게 신앙을 버리지 않아도 될 이유, 아니 신앙이 더 깊어지게 하는 이유를 스스로, 그리고 교회공동체와 함께 찾도록 돕기 위한 것입니다.

여러 색이 어울려 더 아름다운 무지개처럼 '다름'을 기뻐하며 그리스도의 한 몸인 교회를 함께 만들어가기를 간절히 바랍니다.

유대 사람도 그리스 사람도 없으며, 종도 자유인도 없으며, 남자와 여자가 없습니다. 여러분 모두가 그리스도 예수 안에서 하나이기 때문입니다.(갈 3:28, 새번역)

차례

발간사 _ 5

안내서를 제작한 이유와 목적 _ 10

1
조심조심 한 걸음

무심코 던진 돌 _ 18

고민하는 그리스도인 _ 25

2
마음 열고 두 걸음

성소수자, 아는 만큼 보인다 _ 36

용어 정리 _ 42

3
깊이깊이 세 걸음

성서와 성소수자 _ 50

차별 없는 그리스도의 공동체 _ 67

4

같이 걷기 네 걸음   환대하는 공동체로 가는 길 _ 74
징검다리 건너기-워크숍 _ 91

부록   위기연결, 전문상담소, 의료기관 연락처 _ 98
무지개교회 기도문 _ 106
관련 도서, 영화, 연극 소개 _ 109
성소수자에 대한 세계교회 입장 _ 120
함께 부르는 노래 _ 122
안내서 제작 과정 _ 124

1
조심조심 한 걸음

무심코 던진 돌

아웃팅의 위협

선입견과 드러난 거부감

왜곡된 순결 의지

동성애는 옳을까?

정상가족에 대한 압박

호칭이 너무해

참고: 『하느님과 만난 동성애』(한울, 2010)

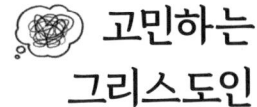
고민하는 그리스도인

사례1_"신앙과 사랑은 양립할 수 없나요?"

신앙 중심의 삶

저는 현재 유명 대형교회에 출석하고 있습니다. 가족은 물론 친척도 같은 교회에 다닙니다. 초등학생 때부터 지금까지 수십 년 동안 성가대를 섬기며 찬양으로 하나님께 영광 돌리는 것이 제겐 큰 기쁨입니다. 중고등부, 대학부 수련회에 빠진 적이 없고 정규 성경공부, 오후 성경모임, 병원 찬양, 여름 농활, 고아원 봉사 등 신앙생활을 우선으로 학업과 '알바' 일정을 짰습니다. 제 삶에서 하나님은 빼놓을 수 없는 분이며 제 가치관의 중심에는 언제나 예수님이 계셨습니다.

한편 대학생 때 스스로의 다양한 정체성을 고민하다가 성소수자 인터넷 카페에 가입하였습니다. 카페에서 3년 넘게 열심히 활동했으나 사랑하는 사람은 생기지 않았습니다. 설상가상으로 오해가 생겨 제가 주도하던 독서 토론 모임이 중단되었습니다. 안 그래도 연인이 생기지 않아 고민하던 찰나에 상처까지 받게 된 저는 '아, 나는 성소수자가 아닌가 보다.'라고 생각하고 소위 '회심'을 하기로 마음먹었습니다. "그러므로 음식이 내 형제를 걸어서 넘어지게 하는 것이라면, 그가 걸려서 넘어지지 않게 하기 위해서, 나는 평생 고기를 먹지 않겠습니다."(고전 8:13, 새번역)라고 한 사도 바울을 본받아 '만약 나중에 마음이 변하여 동성에게 매력을 느낀다 하더라도 믿음이 약한 이들을 위해 평생 마음을 삼가며 살아야겠다.'고 다짐했습니다.

이후 부모님과 주변 어른들의 소개로 이성을 만나기 시작했습니다. 가정을 꾸리고 자녀를 낳는 것은 하나님이 주시는 큰 복이니까요. 저도 하나님이 주시는 복을 받고 싶었습니다. 그래서 교회에 다닌다는 사람은 조건에 상관없이 모두 만나봤습니다. 그러나 여전히 사랑하는 사람은 생기지 않았습니다. 사랑 없이도 조건에 맞춰 결혼하면 적응하며 살게 된다고 하지만, 저는 아무리 생각해도 사랑 없는 결혼은 하고 싶지 않습니다.

사랑의 신비로움

그런데 얼마 전에 제게도 드디어 사랑하는 사람이 생겼습니다! 그 사람을 만나면 기분이 좋아지고, 피곤해서 쓰러질 것 같다가도 점점 생기가 돌아옵니다. 보고만 있어도 얼굴에 미소가 지어지고 손이라도 잡으면 가슴이 마구 뜁니다. 계속 같이 있고 싶고, 같은 공간에 있는 것만으로도 좋습니다. 좋은 경치를 보거나 맛있는 것을 먹으면 저절로 그 사람이 떠오릅니다. 그 사람도 해외여행을 갔을 때 좋은 걸 보고 먹으니 제 생각이 났다며 나중에 같이 가자고 합니다. '아, 사랑하고 사랑받는 느낌이란 바로 이런 거구나.' 하고, 이유도 없이 실실 웃고 설레고 신기해하고 있습니다. 수련회에서 처음으로 성령체험을 한 후에 나뭇잎이 너무너무 반짝였던 것처럼 세상이 반짝이고 생생하게 느껴집니다. 제 삶에서 경험의 폭이 훨씬 더 깊어지고 넓어진 것 같습니다.

다만 제가 사랑하는 사람은 저와 지정 성별이 같습니다. 저는 사도 바울을 본받기로 한 다짐을 번복하고야 말았습니다. 동성을 사랑한다는 것을 인정하기까지 저는 무척 많은 고민을 했습니다. 성가대석에 앉아 예배를 드리면서 '하나님, 제 마음이 바뀌지 않는다면 차라리 제가 사고사로 죽게 해주세요.'라는 기도를 8개월 동안 빠짐없이 드렸습니다. 그리스도인으로서 자살할 수는 없다고 생각했기 때문입니다. 정말 간절하게 눈물을 흘리며 기도했지만 하나님은 들어주지 않으셨습니다. 누군가를 좋아한다는 것이, 제 마음이 제 생각대로만은 되지 않았습니다. 제 정체성과 애정 지향은 대부분의 사람들과 다르다는 것을 끝내 인정하지 않을 수 없었습니다.

선택

이런 제가 신앙과 사랑 중에 어떤 선택을 하면 좋을지 목사님의 도움을 구합니다. 제가 사랑을 버리고 신앙을 선택하면 될까요? 하지만 연인이 있고 없고와는 상관없이 제 애정 지향은 그대로인데, 저라는 존재가 알려지는 것만으로도 '소자'를 실족케 하는 것은 아닐까요? 이름만 들으면 다 아는 교회에서 꽤 오랫동안 봉사를 해온 터라 저를 아는 사람들이 족히 수백, 수천 명은 될 텐데, 차라리 연자 맷돌을 매고 바다에 빠지는 것(막 9:42, 눅 17:2)이 낫지 않을까요? '소자'인 타인을 위해 저를 기꺼이 희생하는 것이니까 이건 자살이 아니라 순교이지요? 이런 선택, 해도 되나요?

만약 죽는 것은 안 된다면 신앙을 버리고 사랑을 선택하면 될까요? 많은 소수자들이 어쩔 수 없이 이 방법을 선택한다고 합니다. 하지만 저는 평생을 하나님과 동행해왔고 제 삶에서 예수님을 떼어낼 수 없는데, 그래도 목사님은 제게 신앙을 버리는 게 낫겠다고 하실 수 있나요?

혹시 제가 신앙과 사랑을 둘 다 선택할 수는 없나요? 하나님 안에서 연인을 만나는 것, 저도 정말 하고 싶어요. 하나님 안에서 복 받는 관계를 저도 누리고 싶어요.

사례 2_"아이가 하나님의 뜻을 어기려고 해요."

제 아들은 어려서부터 섬세하고 여리고 숫기가 없어 걱정이 많았는데, 다행히 공부도 열심히 하고 좋은 직장에 취직해서 연봉도 괜찮게 받아요. 몇 년 전에는 독립하고 싶다고 나가서는 친구도 많이 사귀고 여행도 자주 가는 것 같더라고요. 안정적으로 잘 살기에 결혼 얘기를 꺼냈더니 오랫동안 만나온 사람이 있다고 하는 거예요. 뭐든 알아서 잘 하는 아이라서 안심했습니다. 역시 기도로 키운 하나님의 자녀라 그런지 너무 잘 자랐어요. 주변 권사님들이나 장로님들도 저희 아이를 다 부러워하고요. 목사님 아이들도 바르게 자라기가 쉽지 않다던데 자녀 얘기만 나오면 어깨에 힘이 들어가요. 이제 결혼만 하면 더 바랄 것이 없을 것 같아요.

아들에게 "엄마한테 여자친구 한번 보여줘야 하지 않겠니?"라고 물었는데 대답이 없어요. 그 후로도 한참 반응이 없어서 아들에게 좀 세게 나갔어요. '혼전임신은 절대 안 된다, 교회에서 결혼하고 이제 그만 가정을 꾸려라.' 여러 번 다그쳤는데도 '그럴 일 없다.'며 꿈쩍도 안 하더라고요. 아들이 갑자기 왜 그러는 건지 이해가 안 가서 어르고 달래서 겨우겨우 설득했어요. 밝고 활달하던 애가 몇 주를 고민하다가 정색하며 얘기하는데, 글쎄 만나는 상대가 여자가 아니라 남자라고 합니다. 저는 하늘이 무너지는 줄 알았어요. 어떻게 남자가 남자를 좋아할 수 있죠? 제가 너무 다그쳐서 거짓말하는 건 아닐까요? 남들 얘기를 들어만 봤지 설마 우리 애가 그럴 줄은 정말 몰랐어요. 이건 분명한 죄잖아요. 성경에는 분명히 죄라고 한다고, 화도 내보고 소리도 쳐보았지만 꿈쩍을 안 해요. 엄마는 꽃게도 먹고, 고등어도 먹고, 돼지고기도 먹지 않느냐고 엉뚱한 소리나 하고요.

성경은 한 글자도 틀림없는 거잖아요. 이제 저는 어떡하죠? 하늘이 무너지는 것 같아 몇 날 며칠을 앓았습니다. 목사님, 저는 이제 어떡하면 좋죠? 제가 무슨 잘못을 했기에 우리 아들이 이럴까요? 예수님도 "하나님의 뜻대로 행하는 자가 내 형제요 자매요 어머니"(막 3:35)라고 하셨는데 아들과 인연을 끊어야 할까요? 하지만 저는 아직 아들을 너무 사랑해요. 어쩌면 좋죠? 이건 고칠 수 없는 건가요? 잠언에도 자녀를 때려도 죽지 않는다는 말씀이 있는데 때려서라도 고칠 수 있는 건가요? 무슨 수를 써서라도, 어떻게 해서라도 꼭 고치고 싶어요. 제발 도와주세요.

사례 3_"저는 성소수자가 이해됩니다. 교회는 뭔가 단단히 잘못하고 있습니다."

저는 이성애자이고 신앙생활도 오래한 그리스도인입니다. 심리학 박사학위를 취득했고, 대학교 학생상담실에서 심리 상담을 하며 몇몇 수업에서 강의도 하고 있습니다.

 그런데 간혹 설교에서 가부장적인 사고가 바탕에 깔린 여성비하적인 발언이나, 동성애는 잘못된 것이고, 남색은 가증한 것이라는 말을 들으면 무척 거북합니다. 잘못된 정보에 기반한 설교를 들을 때면 화가 날 지경입니다. 설교에서는 동성애 때문에 에이즈가 생겼다고 주장하는데 많은 연구에서 사실은 그렇지 않다고 밝혀졌어요. 동성애자만 에이즈에 걸리는 것도 아니고, 심지어 요즘은 치료약이 잘 개발되어서 에이즈도 관리만 잘 하면 건강하게 오래 살 수 있고요.

 흡연자들도 금연지원센터에서 온갖 지원을 다 받고 있고, 고혈압이나 당뇨도 보건소 대사증후군센터에서 무료로 관리해주는데 왜 유독 에이즈 치료로 세금이 쓰이는 것에만 거부감을 드러내나요? 또 자궁경부암은 주로 성관계를 통해서 발생하잖아요. 이성애자 남성이 이성애자 여성에게 옮기는 병이에요. 남자는 자궁이 없으니 당연히 걸리지 않겠지만 동성애자들도 거의 걸리지 않는 질병이에요. 교회는 왜 자궁경부암에 대해서는 말하지 않죠? 왜 이런 것에는 교회가 침묵하나요? 예방주사가 있는 유일한 암이고 한 해에 900명이 넘는 여성이 자궁경부암으로 사망합니다. 요즈음은 남성들도 자궁경부암 백신(HPV)을 접종받기도 하는데, 교회가 앞장서서 남성도 같이 예방주사를 맞자는 운동은 왜 하지 않나요?

그동안 제 주변에는 동성애자가 없어서 그들을 이해하고 싶지만 이해하기가 막막했어요. 관련 단체에 가서 성소수자를 만나 얘기를 들어보고 싶었는데, 오랜 시간 동성애는 죄라는 교육을 받아와서 그런지 한편으론 그래도 되나 염려되는 마음도 좀 들었고요. 남녀가 사랑하듯이 남자가 남자를 사랑하거나 여자가 여자를 사랑하는 것이 충분히 가능할 것 같은데 제가 이상한 건가 고민도 했습니다.

그러던 중에 한 레즈비언의 상담을 맡게 되었어요. 이 여성은 어려서부터 독실한 그리스도인이었는데 중학교 1학년 때 폭행과 강간을 당했대요. 강간당한 직후에 집으로 돌아가면서 '아직 생리를 안 하게 해주셔서 감사합니다.'라고 하나님께 기도했대요. 저는 이 얘기를 듣고 기가 막혔어요. 강간을 당하고도 감사기도를 드렸다니, 그동안 이 여성은 교회에서 어떤 가르침을 받아온 걸까요? 이 여성은 자신의 성적 지향이 성 피해 경험 때문인 것으로 오해하고 고통의 시간을 보내느라 오히려 정체성을 찾는 데에 어려움을 겪었습니다. 성에 대해 터부시하는 교회의 분위기 때문에 성인

이 된 이후에도 자신의 피해 경험과 정체성에 대한 고민을 교회에서 나눌 수 없었습니다. 성이라면 무조건 억압하는 교회의 태도, 이제는 변해야 하지 않을까요?

*이 사례들은 당사자의 동의하에 수록되었습니다.

2
마음 열고 두 걸음

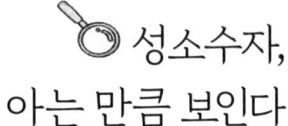 성소수자,
아는 만큼 보인다

1. 동성애는 질병이 아닙니다

1973년, '미국정신의학회'는 동성애를 정신과 진단명에서 삭제하기로 결정하며, 아래와 같은 내용의 성명서를 발표했습니다.

> 동성애가 판단력, 안정성, 신뢰성, 또는 직업 수행 능력에 문제가 있음을 의미하지 않으므로 '미국정신의학회'는 고용, 주택, 공공장소, 자격증 등에서 동성애자에 대해 행해지는 모든 공적·사적 차별에 유감을 표하며, 그러한 판단력, 능력, 신뢰성을 입증해야 하는 부담을 다른 사람들에 비해 동성애자들에게 더 많이 지워서는 안 된다.
>
> American Psychiatric Association(2005),

Homosexuality and Civil Rights: Position Statement, Retrieved November 1973. 17: 71-80.

이후 전 세계적으로 어떤 권위 있는 정신과 학회나 교과서도 동성애를 질병으로 분류하거나 '논쟁의 여지가 있다.'고 언급하지 않습니다.

2016년 3월, '세계정신의학회'도 동성애는 질병이 아니라는 성명서를 발표했습니다.

사회적 낙인과 차별을 영속시킨 불행한 역사에도 불구하고 현대 의학이 동성을 대상으로 한 성적 지향과 행동을 병리화하는 것을 그만둔 지는 이미 수십 년이 지났다. '세계보건기구'는 동성을 대상으로 한 성적 지향을 인간 섹슈얼리티의 정상적인 형태로 인정하고 있다.[1992. '유엔인권이사회'는 레즈비언, 게이, 바이섹슈얼, 트렌스젠더의 인권을 존중한다.(2012)] 질병을 나누는 두 가지 주요 진단 분류체계(국제 질병 사인 분류 ICD-10[1], DSM-5)에서는 동성애

---

1 World Health Organization, 2016, ICD(International Statistical Classification of Diseases and Related Health Problems)-10, 10th revision, F66, p. 329. ICD-9에서 '성적 일탈 및 장애'(Sexual Deviations and Disorders)가 정실진환 목록으로 분류되었다면, 1990년 발표된 ICD-10에서는 '성적 발달 및 지향과 관계된 정신적·행동적 장애'(Psychological and Behavioural Disorders Associated with Sexual Development

대한 성적 지향, 끌림, 행동, 그리고 성별 정체성을 병리 현상이라고 보지 않는다.

World Psychiatric Association(2016. 3),
*WPA Position Statement on Gender Identity
and Same-Sex Orientation, Attraction and Behaviours.*

이제 의학적·과학적으로 동성애가 질병이 아니라는 점에는 더 이상 이론의 여지가 없습니다.

2. 동성애는 후천적인 선택이 아닙니다

아직까지 한국에서는 동성애가 후천적이라는 시각이 많습니다. 2017년 한국갤럽에서 실시한 통계조사에 따르면 응답자의 49%가 동성애는 '양육·환경의 영향'이라고 답했습니다. 선천적이라고 답

---

and Orientation)로 개편되었고, 따라서 이전에 명시된 '자아 이질적 동성애'(ego-dystonic homosexuality) 항목 속 '동성애'(homosexuality)가 ICD-10에서는 사라지고, "성적 지향은 그 자체로는 장애로 취급되지 않는다."(Sexual orientation by itself is not to be regarded as a disorder.)라는 내용이 추가되었다. 이는 성적 지향이 정신질환 진단명에서 삭제된 것을 의미한다. 이와 관련해 '아이다호데이'(국제 성소수자 혐오 반대의 날)는 1990년 5월 17일 세계보건기구(WHO)가 동성애를 정신질환 목록에서 삭제한 것을 기념하는 것에서 출발하였다.

한 비율은 28%에 그쳤습니다. 그렇다면 동성애는 선천적일까요, 후천적일까요?

이에 대해서는 오랜 논쟁의 역사가 있습니다만, 최근의 연구 결과는 "유전적 요소와 환경적 요소가 함께 작용하여 아동기 초기에 형성된다."라는 것으로 수렴되고 있습니다. 이것이 의미하는 바는, 스스로 성적 지향을 인식하게 되는 10대 초기의 발달 단계를, 성적 지향을 선택하는 단계라기보다 확인하는 단계로 봐야 한다는 것입니다. '미국심리학회'는 2011년 발표된 보고서에서 "개인의 성적 지향이 이성애, 양성애, 동성애로 발달되는 정확한 이유에 대해 과학자들 간에 일치된 의견이 없음"을 밝히고 있습니다.

또한 결론 부분에서는 "많은 사람들이 자신의 성적 지향을 선택한다는 감각을 느끼지 않거나, 아주 약하게 경험한다."라는 점을 분명하게 말하고 있습니다. 이 말의 의미는 성적 지향, 즉 동성애는 후천적 선택으로 설명할 수 없다는 말입니다. 따라서 일각에서 제기하는 탈동성애 상담이나 전환치료(성적 지향 강제전환)는 의학적이거나 과학적인 근거가 없는 주장입니다.

3. 에이즈는 동성애자만의 질병이 아니며 누구나 걸릴 수 있습니다

에이즈(후천성면역결핍증, AIDS)는 인간면역결핍바이러스(HIV) 감염으로 발생하는 질병입니다. HIV에 감염되면 면역체계가 약해지고 외부의 전염성 바이러스에 저항하지 못하게 되어 여러 가지 질병에 쉽게 노출되면서 각종 질환이 발생하는 상태가 됩니다. 이를 에이즈라고 합니다. 많은 사람들이 에이즈를 '불치병'이라고 오해합니다. 그러나 현재는 HIV에 감염되었더라도 적절한 관리와 치료만 받으면 감염되지 않은 사람과 특별한 차이 없이 살아갈 수 있습니다.

HIV는 누구나 감염될 수 있습니다. 바이러스는 성적 지향 및 성별 정체성을 판단하여 감염시키지 않기 때문입니다. HIV의 주된 감염경로는 안전하지 않은 성관계, 감염된 혈액의 수혈, HIV에 노출된 주사기의 공동 사용, HIV에 감염된 산모로부터 태아로의 수직 감염 등입니다. HIV 감염역학은 나라마다 다른데 아프리카 지역은 여성 감염인이 많고, 동남아시아 지역은 성매매를 통한 감염 빈도가 높은 것으로 알려져 있습니다. 한국은 주로 콘돔을 사용하지 않는 안전하지 않은 성관계를 통해 감염되는 것으로 확인되고 있습니다.

에이즈는 동성애를 통해 감염되는 불치병이 아니라 이성과 동성 간의 안전하지 않은 성관계를 통해 누구에게나 찾아올 수 있는 질병입니다. 따라서 HIV/AIDS와 동성애에 대한 오해와 편견은 감염률을 줄이는 데 전혀 도움이 되지 않습니다.[2]

---

2 한국YMCA간사회젠더정의분과, 『차별과 혐오를 넘어: 성소수자 인권이해』(서울: 도서출판 따뜻한평화, 2018), 74. "동성애에 대한 사회적 낙인은 HIV/AIDS 예방을 가로막는 장벽으로 작용한다. (중략) 전 세계 115개국에 거주하는 남성 동성애자 3,340명을 대상으로 연구를 수행한 결과, 동성애를 처벌하는 나라에 살거나, 성적 낙인(Sexual Stigma)의 수준이 높은 사람이 그렇지 않은 사람에 비해 HIV/AIDS를 예방하는 주요한 방법인 콘돔과 윤활젤을 사용하는 비율이 유의미하게 낮았다." Sonya Arreola, et al., "Sexual Stigma, Criminalization, Investment, and Access to HIV Services Among Men Who Have Sex with Men Worldwide," *AIDS and Behavior*[2015, 19(2)]: 227-34에서 재인용.

용어 정리

성(Sex)
흔히 생물학적 관점을 기반으로 여성(female)과 남성(male)을 구별하는 기준으로 사용합니다. 그러나 제3의 염색체 구성 등의 성적 특성으로 간성(인터섹스, intersex)인 사람도 존재합니다. 전 세계적으로 매해 신생아 중 약 1.7%가 변이된 성적 특징을 갖고 태어나는 것으로 추정된다고 합니다.

젠더(Gender)
사회문화적으로 규정된 성 역할, 지위, 행동, 규범 등에 기반한 성을 일컫는 말로 생물학, 유전학 등의 테두리로 설명하기 어려운 보다 폭넓은 성의 개념을 담고 있는 용어입니다.

섹슈얼리티(Sexuality)
생물학, 사회와 문화 등을 넘어 관계, 감정, 행동 등을 모두 포함하는 말로 성별 규범, 위계, 차별 등을 이해하기 위한 중요한 개념입니다.

성적 지향(Sexual Orientation)
한 사람이 다른 성이나 같은 성 또는 하나 이상의 성으로부터 느끼는 정서적·낭만적·성적 매력을 통칭하는 말입니다. 스스로 성적 지향을 깨닫는 시기는 사람마다 다를 수 있습니다.

이성애자(헤테로섹슈얼, heterosexual)
다른 성(이성)에게 감정적·성적 이끌림을 느끼는 사람

동성애자(호모섹슈얼, homosexual)
같은 성(동성)에게 감정적·성적 이끌림을 느끼는 사람

양성애자(바이섹슈얼, bisexual)
동성과 이성 모두에게 감정적·성적 이끌림을 느끼는 사람

무성애자(에이섹슈얼, asexual)
어느 성에게도 감정적·성적 이끌림을 느끼지 않는 사람

성별 정체성(Gender Identity)

한 사람이 성별에 관해 느끼는 기본적인 감정, 또는 스스로를 어떻게 인식하는지 나타내는 용어입니다.

지정 성별(Assigned Sex)
주로 생물학적 성을 기반으로 지정받은 성별

시스젠더(Cisgender)
자신의 성 정체성이 지정 성별과 일치하는 사람

트랜스젠더(Transgender)
자신의 성 정체성이 지정 성별과 일치하지 않는 사람
- FtM(Female to Male): 지정 성별 여성이 자신을 남성으로 인식하는 경우
- MtF(Male to Female): 지정 성별 남성이 자신을 여성으로 인식하는 경우

젠더퀴어(Gendergueer)
자신의 성 정체성이 남성과 여성 등으로 지정된 이분법적 성별 기준과 다르다고 느끼는 사람

성소수자(Sexual Minority)

성적 지향, 성별 정체성이 사회 다수인 이성애자, 시스젠더와 다르거나 맞지 않는 사람을 일컫는 말입니다.

퀴어(Queer)

성소수자를 지칭하는 또 다른 용어입니다. 본래 '이상한', '기묘한', '수상한' 등을 의미하는 영어 단어로 성소수자를 부정적으로 일컫는 데 사용되다가 성소수자 인권운동과 더불어 성소수자를 포괄적으로 지칭하는 보편적 언어로 사용되고 있습니다.

커밍아웃(Coming out)

'벽장 속에서 나오다'에서 유래된 단어로 성소수자가 자신의 성적 지향이나 성별 정체성을 긍정하고 가족, 지인, 사회에 드러내는 것

아웃팅(Outing)

성소수자 자신의 의사와 상관없이 성적 지향이나 성별 정체성이 알려지는 것으로 아웃팅으로 인한 집단따돌림, 자살, 해고 등으로 이어질 수 있음

커버링(Covering)
성소수자로 하여금 자신의 정체성을 드러내지 못하게 하거나 보이지 않는 존재로 만들려고 하는 모든 행위. 자기부정과 은폐, 부당한 강요 등이 이에 해당됨

퀴어문화축제
2000년부터 우리나라에서 매년 개최되는 성소수자들의 축제입니다. 세계적으로는 1969년 미국 뉴욕에서 스톤월 항쟁[미국 뉴욕 경찰이 당시 성소수자들의 아지트였던 스톤월 인(Stonewall Inn)의 바(bar)를 급습하자 이에 대해 성소수자들과 인권운동가들이 집단으로 반발하면서 일어난 대규모 시위]을 기념하는 행사로 시작되었습니다. 행사의 핵심은 사회적으로 차별받는 성소수자들이 자유와 평등을 외치며 도심을 당당하게 행진하는 퍼레이드에 있습니다. 20여 년을 이어온 서울퀴어문화축제(https://www.sqcf.org) 외에도 대구, 부산, 제주, 전주, 인천, 광주 등 전국적으로 확산 추세인 이 축제에는 성소수자는 물론 성소수자들의 권리를 지지하는 사람이라면 누구든지 참여할 수 있습니다.

전환치료(성적 지향 강제전환)
개인의 성적 지향을 동성애나 양성애에서 이성애로 전환/치유하는 치료법을 일컫는 말입니다. 이는 주장일 뿐, 주요 학계에서는

효과가 전혀 입증되지 않았으며 오히려 유해한 것으로 결론 내렸습니다. 이에 전환치료 자체를 법적으로 금지한 나라들이 늘어나고 있습니다.(독일, 호주, 영국, 브라질 등)

혐오표현
어떤 개인과 집단에 대해 감정적으로 싫은 것을 넘어서 사회적 소수자에 속하는 사람들의 고유한 정체성을 이유로 차별, 배제, 적의, 폭력을 선동하는 행위입니다. 혐오표현은 개인 또는 집단에게 편견, 공포, 모욕감, 자긍심 상실 등 극심한 고통을 초래합니다.

무지개 깃발(Rainbow flag)
6색 무지개 깃발은 성소수자의 자긍심과 다양성을 상징합니다. 1978년 길버트 베이커(Gilbert Baker)가 샌프란시스코 '동성애자 자유의 날'을 기념하여 만든 깃발에서 유래되었습니다. 무지개 깃발은 성소수자의 인권뿐만 아니라 정의와 평화를 추구하는 다양한 장소에서 만날 수 있습니다.

무지개 깃발 여섯 가지 색의 의미

빨강: 생명, 삶(Life)
주황: 치유(Healing)
노랑: 햇빛(Sunlight)
초록: 자연(Nature)
파랑: 평온 / 조화(Serenity / Harmony)
보라: 영혼, 정신(Spirit)

무지개교회

하나님의 모든 자녀를 환대하는 교회의 또 다른 표현입니다. 다양한 색이 어우러져 하나의 무지개를 이루듯이, 성소수자만이 아니라 어떤 이유로든 소수자의 위치에 있는 사람들과 그 밖의 모든 이들이 함께 어울리는 신앙공동체를 일컫는 말입니다.

출처

인권교육을 위한 교사모임 샘·띵동, 『학교에서 무지개길 찾기 가이드북』
우먼타임스 http://www.womentimes.co.kr
한국성적소수자문화인권센터 http://kscrc.org/xe/board_yXmx36/16257
길버트 베이커재단(Gilbert Baker Foundation) www.gilbertbaker.com

3
깊이깊이 세 걸음

# 성서와 성소수자

금기와 경계 너머에서 찾아오시는 낯선 하나님을 만나는 길

1. 당신은 어떤 렌즈를 통해 성서를 이해하고 읽나요[3]

오늘날 다양한 개신교 그룹은 '성서를 어떻게 이해하고 읽느냐?'에 따라 크게 두 그룹으로 나눠볼 수 있습니다. 하나는 개신교 근본주의자들과 보수 복음주의적 그리스도인들이고, 다른 하나는 주류 개신교 교단에 속한 에큐메니컬 성향의 그리스도인들입니다. 이들은 각 문화권과 나라마다 그 비율이 많이 다릅니다.

한국 개신교회의 경우는 근본주의적 목소리가 큰 편입니다. 한국 개신교 근본주의의 신학적 특징은 성서영감론 및 성서무오설을 근거로 성서비평학에 비판적인 태도를 유지하고, 세대주의적

---

[3] 마커스 J. 보그, 염승철 옮김, 『성서 제대로 읽기』(서울: 동연, 2019). 1장과 2장 발췌 요약.

전천년설에 기초한 묵시적 종말론을 여전히 신봉합니다.[4] 이와 같은 한국 개신교 근본주의는 엄격한 윤리적 이상을 강조하던 청교도를 숭상하는 미국 개신교 근본주의의 영향을 받아 음주와 흡연에 대한 배타적 거부감, 성과 결혼에 대한 보수적 규범, 동성애에 대한 혐오감, 여성에 대한 차별의식 등을 강조하는 윤리적 특징을 지닙니다.[5]

그래서일까요? 두 그룹의 그리스도인들은 성소수자에 관해서도 매우 다른 입장과 태도를 보입니다. 성공회 성서학자인 마커스 보그(Marcus J. Borg)에 따르면, 이러한 차이는 '성서를 보는 두 가지 렌즈'에서 비롯됩니다.

성서의 기원, 어떻게 이해하나요

개신교 근본주의자들과 보수 복음주의적 그리스도인들은 성서를 '하나님에게서 온 것'으로 받아들이기에 성서를 '신적인 산물'(divine product)로 이해하고 읽습니다. 그에 비해 에큐메니컬 그리스도인들은 성서의 기원을 '실재하는 하나님 체험에 대한 인간의 응답'으로 여깁니다. 그래서 성서를 '인간의 산물'(human product)로 이해하고 읽습니다. 즉 고대에 존재한 두 공동체의 산

---

[4] 배덕만, 『한국 개신교 근본주의』(서울: 대장간, 2010), 48.
[5] 배덕만, 위의 책, 73.

물[고대 이스라엘의 산물로서 '히브리 성서'(그리스도교의 구약성서)와 초기 그리스도교 운동의 산물로서 '신약성서']로 보는 것이지요.

이처럼 '하나님을 성서의 궁극적 저자로 이해하느냐?', 아니면 '성서를 고대의 두 공동체가 실재적으로 체험한 하나님에 대한 반응으로 보느냐?'는 매우 큰 차이를 가져옵니다. 전자가 성서를 통해 '하나님이 상황을 어떻게 보는지'에 대해 알 수 있다고 주장한다면, 후자는 '고대의 두 공동체가 상황을 어떻게 이해하는지'에 대해 알 수 있다고 주장하기 때문입니다.

성서를 이해하는 두 가지 관점과 방법의 차이는 그리스도인들의 윤리관과 실생활에도 큰 영향을 줍니다. 예를 들어 우리가 성서를 신적인 산물로 여긴다면 성서에 기록된 이스라엘의 율법은 곧바로 하나님의 율법으로 이해됩니다. 그렇다면 오늘날 그리스도교 세계에서 중요하게 다뤄지는 여러 논쟁의 주제들은 '하나님의 율법'인 성서의 율법을 기준으로 다루어져야 합니다. 이는 현대 그리스도교에서 중요한 논쟁거리인 동성애의 경우에도 해당됩니다. 성서를 신적인 산물로 여기는 이들에게 동성애는 하나님의 율법이 정죄하고 있으므로 "어떻게 하나님의 율법 중 하나를 무시하는 일이 정당화될 수 있는가?"라는 윤리적 질문을 불러일으킵니다.

하지만 우리가 성서를 실재하는 하나님 체험에 대한 인간의 반응, 즉 인간의 산물로 본다면 이야기는 꽤 달라집니다. 히브리 성서의 율법은 하나님의 율법이 아니라, 고대 이스라엘의 율법입니다. 그렇다면 동성애적 행위에 대한 금지는 우리에게 그러한 행위가 고대 이스라엘에서는 용납될 수 없었다는 사실을 말해줄 뿐입니다. 그리고 계속해서 현대를 살아가는 우리를 위한 윤리적 질문이 이어집니다. "동성애적 행위를 고대 이스라엘이 이해한 것처럼 계속해서 이해하는 것이 타당한 이유는 무엇인가?"

무엇보다 이와 같은 고대 이스라엘의 율법이 "같은 밭에 두 종류의 씨앗을 뿌리고, 두 종류의 옷감으로 만들어진 옷을 입는 것을 금하는 율법[6]의 모음집 속에 내장되어 있다는 것을 알아차릴 때" 그에 대한 우리의 응답도 좀 더 분명해집니다. 나아가 고대에 존재한 두 공동체가 이해한 '동성애'와 오늘날 우리가 얘기하는 '성적 지향과 성별 정체성'은 무엇이 비슷하고 무엇이 다른지 질문하게 됩니다.

성서의 권위, 성서는 어떻게 신성한 책이 될까요

앞서 살펴본 '성서의 기원'에 대한 서로 다른 관점은 '성서가 왜 신성한 책인가?'라는 질문에 대해서도 다르게 대답합니다. 먼저 개

---

[6] "너희는 내가 세운 규례를 지켜라. 너는 가축 가운데서 서로 다른 종류끼리 교미시켜서는 안 된다. 밭에다가 서로 다른 두 종류의 씨앗을 함께 뿌려서는 안 된다. 서로 다른 두 가지의 재료를 섞어 짠 옷감으로 만든 옷을 입어서는 안 된다."(레 19:19, 새번역)

신교 근본주의자들과 보수 복음주의적 그리스도인들은 '성서는 하나님에게서 왔기 때문에 신성하다.'라고 받아들입니다. 다시 말해서 성서의 기원이 신성한 하나님께 있기 때문에 성서도 신성하다고 믿습니다. 그 결과 이들의 현실 세계에서 성서의 권위는 '군주적 모델'(monarchical model)로 작동합니다. 마치 고대의 군주처럼 '성서는 우리 위에 군림하고, 우리에게 무엇을 믿고 무엇을 해야 할지를 말해주는' 것으로 받아들입니다.

그에 비해 에큐메니컬 그리스도인들은 '성서는 특정한 종교공동체, 그러니까 그리스도교 내에서 신성한 지위를 갖는다.'고 받아들입니다. 유대-그리스도교 내에서 '정경화'(canonization) 과정을 거쳐 '신성한 지위'를 획득한 성서는 '하나님과의 관계에서 우리가 누구이고 공동체와 개인으로서 우리가 누구인지를 정의해주는 주요한 문헌'입니다. 그 때문에 성서는 '우리를 형성해왔고 계속해서 형성할 책'으로 이해됩니다. 이처럼 '그리스도인들이 살아가는 세계의 터전'이 되는 지위를 획득한 성서는 우리 안에서 '대화적 모델'(dialogical model)로 작동합니다.

이때 중요한 것은 '대화적 모델'이 작동할 때에 지속적인 대화는 비판적인 대화가 되어야 한다는 점입니다. 성서는 분명 '고대 문헌'이라는 장점과 한계를 갖고 있기 때문이죠. 그리고 성서와의 비판적 대화는 우리가 본문에 대한 통찰력 있는 판단을 내린다는 것을 암시할 뿐만 아니라, 본문이 우리를 형성하고 판단할 수 있도록 허락한다는 것도 의미합니다.

성서의 기능, 성서를 통해 깊어지는 하나님과의 관계

마지막으로 성서는 그리스도인의 삶 가운데 '신성의 성례전'(a sacrament of the sacred)으로 기능합니다. 우리가 몰두해서 성서를 읽을 때, 우리는 성령의 활동을 통해 '획기적인 전환'(breakthrough)으로의 은총을 체험하기도 합니다. 이처럼 성서를 신성의 성례전으로 보면, 우리는 그리스도인들의 중요한 성례전인 성찬식에서 사용되는 빵과 포도주라는 매개를 통해서도 '깊어지는 하나님과의 관계'를 체험하게 됩니다.

빵과 포도주는 '완벽하지 않은' 인간의 산물입니다. 그러나 그리스도인들은 성찬식 가운데 "빵과 포도주라는 명백한 인간의 산물 '안에, 함께 그리고 아래에서' 그리스도가 우리에게 현존한다."라고 고백합니다. 그처럼 성서의 인간적인 말들 '안에, 함께 그리고 아래에서'도 하나님의 성령은 우리에게 말씀하십니다. 그렇습니다. 우리의 하나님은 '고대 문헌 안에 있는 인간의 말을 통해' 실재하는 성령의 활동으로 우리에게 당신의 현존을 드러내고 체험하게 하십니다.

그러므로 우리는 성서를 신적인 자기-드러냄의 수단으로서 '하나님의 말씀'으로 이해하고 읽어야 합니다. 이는 어떤 이들처럼 성서를 직접적인 '하나님의 말들'(words of God)로 이해하는 게 아니라, '성서가 하나님의 뜻과 성격을 드러내는 주요한 이야기와 전통을 담고 있는' 지위와 기능을 하기에 '하나님의 말씀'(the Word of God)으로 이해해야 한다는 의미입니다.

'달을 가리키는 손가락'(a finger pointing to the moon)이라는 은유적 가르침이 알려주는 것처럼 우리는 성서가 가리키는 '실재하는 하나님'을 바라보고 체험하는 것과 성서 자체를 믿는 것을 구별하고 식별할 줄 알아야 합니다.

2. 성소수자에 대한 다양한 이해와 성서 해석의 차이는 무엇일까요

앞에서 간략하게 살펴본 것처럼 개신교 근본주의자나 보수 복음주의적 그리스도인들과 에큐메니컬 그리스도인들은 '성서의 기원, 지위, 기능'에 대한 이해에서 큰 차이를 보입니다. 이처럼 '성서를 보는 두 가지 렌즈'는 성소수자에 대한 우리의 입장과 태도에도 큰 차이를 가져옵니다.

또한 '문자-사실주의적 접근'(literal-factual approach)으로 성서를 이해하는 이들과 '역사-은유적인 접근'(historical-metaphorical approach)으로 성서를 이해하는 이들은 현실세계를 이해하고 성서를 적용하는 방식에서도 차이를 보일 때가 많습니다. 다음의 도표는 그와 같은 관점의 차이로 인해 드러나는 개신교 그룹의 여러 가지 스펙트럼을 간략하게 정리한 것입니다.

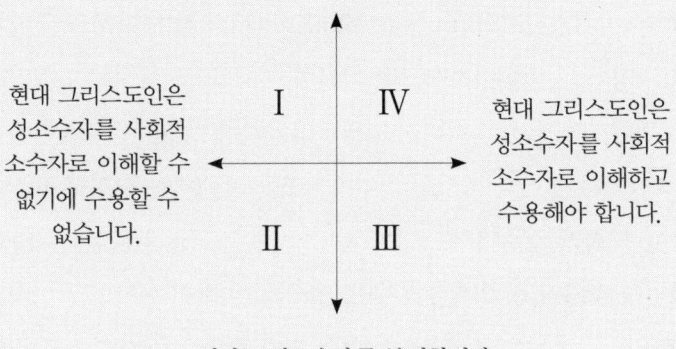

Ⅰ. 성서는 성소수자에 대해 침묵하거나 긍정하지만, 우리는 수용할 수 없습니다

다양한 스펙트럼 가운데 이 영역에 속한 그리스도인들은, 성서는 성소수자를 비롯한 다양한 사회적 소수자에 대해 침묵하거나 때로 긍정한다고 이해합니다. 다만 '성서가 긍정하는 사회적 소수자에 성소수자도 해당한다.'는 의견에 동의하지 않거나 의문을 품습니다. 그렇기에 하나님의 율법인 성서의 율법이 수용하지 않는 성소수자에 대해 현대 그리스도인들도 수용해서는 안 된다고 생각합니다.

이 영역에 속하는 그리스도인들 가운데 어떤 이들은 성서가 성소수자에 대해 침묵하는 것은 성소수자의 존재를 긍정해서가 아니라 '당연히' 부정하기 때문이라고 주장합니다. 성서의 배경에 해당하는 고대 사회는 기본적으로 극단적인 이성애-가부장제 가치를 지향하는 사회였기에 성소수자의 존재를 긍정했을 리가 없다는 것입니다.

다만 이 영역에 속하는 그리스도인들은 성서가 긍정하거나 편드는 사회적 소수자에 성소수자도 속하는지에 대해서는 다양한 의견을 갖고 있습니다. 그럼에도 성서는 '신의 산물'이라는 인식과 이해의 틀에 변화를 주는 순간, 지금까지 고수해온 보수적 신앙이나 구조에 큰 문제가 생길 수 있기에 현대에도 성서의 율법과 일부 세계관이 부정하는 성소수자를 인정하는 것은 어렵다는 주장을 바꾸지 않습니다.

II. 성서는 성소수자에 대해 침묵하거나 부정하기에 우리도 수용할 수 없습니다

이 영역에 속한 대부분의 그리스도인들은 전형적인 개신교 근본주의자이거나 보수 복음주의적 그리스도인에 가깝습니다. 이들은 성서가 '우리 위에 군림하고 우리에게 무엇을 믿고 무엇을 해야 할지를' 분명히 말해준다고 믿습니다. 또한 성서를 이해하고 읽는 방식은 '문자-사실주의적 접근'이 가장 적확하다고 믿습니다.

그렇기에 성서의 율법이나 초기교회 지도자들의 세계관에서 부정하는 성소수자의 존재는 어떤 이유로도 수용할 수 없다고 주장합니다. 이에 대해 다른 주장을 하면 성서의 진리를 고쳐 바꾸려는 시도라고 반박하기도 합니다. 심지어 그리스도인들과 교회가 성소수자의 존재를 수용하면 하나님께서 이스라엘을 징계하신 것처럼 우리도 징계당할 수 있다는 '공포와 불안 프레임'을 적극 활용하기도 합니다.

이보다 온건한 입장이라는 그리스도인들도 기본적으로 '성서는 동성애를 죄로 선포하며 동성 간의 성관계를 금하고' 있으며, '동성애를 윤리적 죄로 간주'한다고 주장합니다. 그리고 "성경은 동성애의 선천적 혹은 후천적 성적 취향에 대하여 묻거나 판단하지 않으며, 다만 외적으로 드러나는 모든 종류의 동성애적 행동에 대하여 죄로 선포하고 있다."라고 강조합니다. 이 때문에 이런 입장을 가진 이들은 "동성애가 그리스도교의 가치에 어긋나는 죄임을 믿기에 동성애자들이 하나님과의 관계 속에서 회복과 치유의 길로 들어서도록 도움을 제공해야 한다."라고 믿습니다.

Ⅲ. 성서는 성소수자에 대해 침묵하거나 긍정하기에 우리는 수용해야 합니다

이 영역에 속한 그리스도인들은 성서는 성소수자에 대해 침묵하거나 긍정한다고 이해합니다. 그렇기에 우리는 성소수자를 사회적 소수자라는 맥락에서 이해하고 수용해야 한다고 주장합니다.

이와 같은 주장의 근거는 고대 사회에서 언급하는 '동성애'에 대한 이해와 현대 사회에서 논의되는 '동성애'를 비롯한 성소수자에 대한 이해가 분명 다르다는 것입니다. 무엇보다 고대 사회에서 언급하는 '동성애'는 합의되지 않은 폭력적 관계나, 당시 사회의 가치와 구조 가운데 작동하는 '권력 관계'에서 억압되거나 착취되는 관계라고 말합니다. 그러므로 오늘날 '존중과 합의'를 전제로 이뤄지는 다양한 성소수자의 사랑과 관계는 '고대 두 공동체의 산물'인 성서에서 언급하는 '동성애'와 다를 수밖에 없다고 주장합니다.

성서 본문의 문맥에 따른 의미를 밝히고 오늘의 시대와 연관해서 해석하는 것은 간단한 작업이 아닙니다. 따라서 현대를 살아가는 그리스도인으로서 '동성애'에 대해 언급할 때에는 신중히 접근해야 합니다. 그리고 그리스도교 신앙과 성서가 강조하는 '작고 낯선 소수를 우선하고 집중하는 신앙공동체'로 '서로를 긍휼히 여기는 정의로움'을 확립하는 데 애써야 합니다. 이때 그 작고 낯선 소수 중 하나가 바로 오늘날 우리 가운데 존재하는 성소수자라는 것이 인정될 수 있습니다.[7] 이 입장은 그렇게 집약됩니다.

---

7 김근주, 『네 이웃을 네 몸과 같이, 성경 주해와 해석: 동성 성행위 본문을 어떻게 해석할 것인가?』(논산: NICS, 2020).

Ⅳ. 성서는 성소수자에 대해 긍정하고, 우리도 적극 수용해야 합니다

이 영역에 속한 그리스도인들은 성서가 성소수자를 비롯한 다양한 사회적 소수자에 대해 긍정적으로 접근한다고 이해합니다. 왜냐하면 고대 이스라엘과 초기 그리스도교 운동이 체험한 실재적인 하나님은 끊임없이 '퀴어한 모습과 얼굴'로 찾아오셨기 때문입니다. 그러므로 현대 사회를 살아가는 그리스도인도 성소수자를 동등한 존재이자 각각의 독특성을 가진 존재로 적극 수용하고 공존해야 한다고 주장합니다.

그렇다면 고대로부터 지금까지 하나님께서 '퀴어한 모습과 얼굴'로 우리를 찾아오셨다는 것은 무엇을 말하는 것일까요? 미국성공회 사제이자 대표적인 퀴어신학자인 패트릭 쳉(Patrick S. Cheng)은 오늘날 '퀴어'라는 용어가 부정적으로 인식되고 사용되던 과거와 달리 '세 가지 의미'를 갖게 되었다고 정리합니다. 그 세 가지는 "첫 번째는 포괄적인 용어로서, 두 번째는 관습을 거스르는 행위로서, 세 번째는 경계선을 지우는 것으로서의 의미"입니다.[8]

'퀴어한 모습과 얼굴로 우리를 찾아오시는 하나님'이라는 말은, 다른 말로 '유효성을 상실한 금기와 왜곡된 경계 너머에 계신 하나

---

8 패트릭 S. 쳉, 임유경·강주원 옮김, 『급진적인 사랑: 퀴어신학 개론』(고양: 무지개신학연구소, 2019), 26-27.

님'이라는 뜻입니다. 그러니 금기와 경계 안에 갇혀 그 너머에 계신 하나님을 만나거나 알지 못하는 우리에게 먼저 찾아오시는 하나님은 늘 '퀴어한 모습과 얼굴'로 인식될 수밖에 없습니다.

그런 '낯선 하나님'을 알아차리고 깨닫게 하는 신학이 바로 '퀴어신학'(Queer Theology)입니다. 이때 퀴어신학의 핵심은 전통적인 그리스도교 신학의 핵심을 현대적으로 번역하고 해석한 '급진적인 사랑'(Radical Love)입니다. 이 급진적인 사랑은 '너무나 엄청나서 기존의 경계선을 녹이는(해체하는) 사랑'이기 때문입니다.[9]

3. 오늘날 우리는 성서를 통해 성소수자와 어떤 동행을 시작할 수 있을까요

지금까지 살펴보았듯이 그리스도인들이 성서를 이해하고 읽는 관점과 방법은 매우 다양하고 넓은 스펙트럼이 존재합니다. 그만큼 '성소수자에 대해 성서가 어떻게 이해하고 전하는가?'라는 질문에 대한 답도 다양할 수밖에 없습니다. 이는 '성서의 기원과 지위, 기능'에 대한 이해에 따라 나뉘고, '현대 사회에서 밝히고 있는 성소수자에 대한 의학적·과학적 사실과 정보에 대해 어떤 입장을 갖

---

9 쳉, 위의 책, 18.

느냐'에 따라서도 나뉩니다.

다만 앞서 말한 여러 스펙트럼 가운데 특히 'Ⅲ, Ⅳ' 영역에 해당하는 입장을 집중해서 검토하는 것이 필요합니다. 천주교 사제인 토마시 할리크(Tomáš Halík)가 깨달았듯이 '그리스도교 신앙은 복음과 우리 삶을 끊임없이 연결하는데', 그 신앙은 바로 '상처 입은 모든 이, 세상과 인간의 온갖 고통이 바로 그리스도의 상처'라는 것을 받아들일 때 비로소 시작되기 때문입니다. 무엇보다 우리는 '예수는 모든 작은 이와 고통받는 이를 자신과 동일시'한, '사람이 되신 하나님'이라는 신앙고백을 잊어서는 안 됩니다.[10]

그러므로 예수 그리스도를 믿고 따르는 그리스도인들은 '이 땅의 모든 작은 이와 고통받는 이를 어떻게 대하느냐?'가, 바로 '예수 그리스도를 어떻게 대하느냐?'에 대한 기준이 된다는 성서의 비유를 기억해야 합니다.[11]

또한 성서는 우리의 좁은 이해와 달리 '죄와 용서'나 '천국과 지옥'보다 훨씬 더 많은 것을 얘기하고 있다는 것을 놓치면 안 됩니

---

10 토마시 할리크, 오민환 옮김, 『상처 입은 신앙: 내 상처를 보고 만져라』 (서울: 분도출판사, 2019), 11, 18.
11 "임금이 대답하여 이르시되 내가 진실로 너희에게 이르노니 너희가 여기 내 형제 중에 지극히 작은 자 하나에게 한 것이 곧 내게 한 것이니라 하시고."(마 25:40, 개역개정판) "그러면 임금은 '분명히 말한다. 너희가 여기 있는 형제 중에 가장 보잘것없는 사람 하나에게 해준 것이 바로 나에게 해준 것이다.' 하고 말할 것이다."(마 25:40, 공동번역개정판)

다. 무엇보다 '역사-은유적 접근'으로 읽고 이해하는 성서가 알려주는 구원은 '죽음 이편의 삶에서 맞이하는 변환', 그러니까 바로 지금 여기에서 시작되는 '개인적 변환과 정치적 변환' 모두를 뜻한다는 것을 알아야 합니다.[12]

이에 대해 성공회 사제이자 영성신학자인 케네스 리치(Kenneth Leech)는 그와 같은 개인적 변환과 정치적 변환이 어디를 향해야 하는지 좀 더 구체적으로 설명합니다. 그는 "가난한 사람을 돌보는 일과 그들의 울부짖음을 들을 능력이 없으면, 하나님에 대한 참 지식에 도달할 수 없다. 또한 하나님이 가난한 사람과 낮은 사람의 편이라는 사실도 알아야 한다."라고 강조합니다.[13]

---

12 "성서적 해석 틀 안에서 구원은 죄와 용서, 천국과 지옥보다 훨씬 많은 것을 담고 있다. 구원은 죽음 이편의 삶에서 맞이하는 변환—개인적 변환과 정치적 변환—을 뜻한다. 즉 구원은 우리 한 사람 한 사람의 삶에서 일어나는 변환과 사회 속에서 살아가는 삶에서 일어나는 변환을 모두 아우른다." 마커스 J. 보그, 김태현 옮김, 『그리스도교 신앙을 말하다: 왜 신앙의 언어는 그 힘을 잃었는가?』(서울: 비아, 2017, 개정판), 61.

13 "따라서 가난한 사람은 우리 사회의 성격을 알고 우리의 복음을 이해하는 데 대단히 중요한 요소다. 우리 사회에 존재하는 비인간적이고 반인간적이며 불경한 세력을 목도하는 것은 가난한 사람을 통해서다. 그래서 가난한 사람은 우리에게 공의를 요구하는 하나님의 부르짖음을 들려주는 역할을 하고, 하나님나라가 가져오는 심판의 징표이기도 하다. 가난한 사람을 돌보는 일과 그들의 울부짖음을 들을 능력이 없으면, 하나님에 대한 참 지식에 도달할 수 없다. 또한 하나님이 가난한 사람과 낮은 사람의 편이라는 사실도 알아야 한다. 세속화되고 안정된 교회와 권력

이제 왜곡된 그리스도교 신학과 신앙의 뒷받침으로 오래 자행되어 온 인종 차별을 끝내 이겨내고, 깊은 상처로 신음하는 이들을 진실과 화해의 길로 안내한 목회자가 들려주는 성서 이야기에 귀 기울여 볼까요? 남아프리카공화국 성공회 대주교인 데스몬드 투투(Desmond Mpilo Tutu)는 그와 같은 인종 차별을 넘어, 성소수자 차별과도 힘껏 맞서 싸운 대표적인 목회자 중 한 사람입니다. 그는 예수 그리스도께서 들려주신 '팔복 이야기'를 어린이들의 눈높이에서 다시 풀어주며, 이 복된 이야기에 성소수자가 배제되거나 차별받을 수 없음을 분명히 합니다. '그리스도인'이라 불리는 우리는 이 복된 이야기를 '은총과 선물'로 받아 실천하는 이들이기 때문입니다.

> 어느 날 예수님은 그분을 따르는 이들에게 하나님의 꿈을 들려주셨습니다. 하나님의 모든 자녀가 사랑을 받고 돌봄을 입으며 누구도 따돌림당하지 않는 세상에 대한 꿈이었지요.
>
> 가난한 여러분은 복이 있습니다. 하나님의 온 세상이 여러분 것입니다.

기관에게는 불편하게 들리고 용납될 수 없는 것처럼 보일지 몰라도, 성서에 계시된 하나님은 바로 그런 분이다." 케네스 리치, 홍병룡 옮김, 『하나님 체험』(서울: 청림출판, 2011), 731-32.

배고픈 여러분은 복이 있습니다. 하나님이 여러분을 먹이실 것입니다.

슬픈 여러분은 복이 있습니다. 하나님이 위로해주셔서 다시 웃게 될 것입니다.

가난한 이를 먹이는 여러분은 복이 있습니다. 여러분이 하나님의 손길입니다.

슬픈 이를 위로하는 여러분은 복이 있습니다. 여러분이 하나님의 품입니다.

평화를 위해 일하는 여러분은 복이 있습니다. 여러분이 하나님의 목소리입니다.

사랑과 친절을 베푸는 여러분은 복이 있습니다. 여러분이 하나님의 마음입니다.

여러분은 세상의 빛입니다. 빛을 밝히세요! 세상이 여러분의 착함을 보고 하늘에 계신 우리 아버지께 영광을 돌리게 하세요.[14]

---

14 데스몬드 투투, 박총·박해민 옮김, 『하나님의 아이들 이야기 성경』(서울: 옐로브릭, 2015), 76-77.

차별 없는 그리스도의 공동체

지금까지 우리는 성소수자에 대한 편견을 넘어 올바른 이해에 접근해왔습니다. 또한 성서가 증언하는 금기와 경계 너머에서 찾아오시는 낯선 하나님을 만나는 길에 관해서도 살펴보았습니다. 여기서는 그리스도의 복음의 빛에 비추어 오늘의 성소수자가 처해 있는 현실을 바라볼 수 있기를 기대합니다. 이 과정을 통해 우리는 신앙공동체로서 교회에서 이들을 어떻게 맞이할 것인지에 대해 답을 찾아볼 수 있을 것입니다.

역사 속의 동성애

동성애는 오랜 인류 역사에서 계속 존재해왔고, 많은 문화권에서 대체로 그에 대해 관용적이었습니다. 로마사회에서도 동성애에 대해서는 관용적이었죠. 그것을 법적으로 금지하게 된 것은 6세기 이후의 일입니다.

유대-그리스도교 전통에서는 성도덕을 주로 생식의 관점에서 이해하는 경향이 강했고, 로마사회의 성적 관행을 문란한 것으로 간주하는 경향이 강했습니다. 초기 그리스도교에서 소돔의 죄를 동성애로 해석한 최초의 인물은 알렉산드리아의 필로(13 BC-AD 50)입니다. 그의 해석은 성서에 근거한 것이 아니었음에도 이후 그리스도교 역사에 지대한 영향을 끼쳤습니다. 이후 여러 교부들이 동성애를 부정적으로 언급했으나, 확고하게 교회의 공식 입장으로 등장하게 된 것은 3차 라테란공의회(1179)에서였습니다. 고리대금업자, 이단자, 유대인, 상인과 더불어 동성애자가 지탄의 대상이 된 것입니다.

서구의 유대-그리스도교 전통에서 비롯된 성에 대한 억압적 태도는 오늘날 서구뿐만 아니라 다른 세계에까지 깊은 영향을 끼치고 있습니다. 그런데 사실 성적 지향에 대한 분류가 분명해진 것은 19세기 이후부터입니다. 그것은 자본주의가 본격화한 즈음부터 성적 지향의 차이에 따른 차별이 더욱 심화되었다는 것을 뜻합니다.

그러나 여성 차별과 인종 차별을 극복하고자 하는 여러 운동과 함께 성적 지향에 따른 차별을 철폐하고자 하는 운동 또한 활발히 일어났습니다. 더불어 과학적·의학적 인식의 발전으로 성적 지향이 차별의 조건이 되어서는 안 된다는 인식이 점차 상식이 되어가고 있습니다. 세계의 교회들은 이에 대해 진지하게 검토하였고, 많은 교회들이 그 상식에 공감하는 입장을 취하고 있는 추세입니다.(부록: 성소수자에 대한 세계교회 입장, 120쪽 참조)

성소수자를 정죄하는 것이 옳은가

그럼에도 불구하고 여전히 완고하게 성소수자를 정죄하거나 그에 관한 개방적인 논의 자체를 금기시하는 현실을 어떻게 타개해나 갈 수 있을까요? 그 방향은 크게 사회적 차원과 교회적 차원으로 나눠 생각해볼 수 있습니다.

사회적 차원에서는 배제와 혐오의 논리를 퍼뜨리는 교회의 주장을 상대화할 수 있도록 다른 교회의 존재와 목소리를 분명히 하는 것이 필요합니다. 배제와 혐오의 논리를 퍼뜨리는 집단이 교회 전체를 대변하는 것이 아니라 일부 정치화된 교회세력에 한정된다는 것을 사회적으로 각인시키는 것입니다. 이를 통해 차별금지법이 제정되도록 노력해야 할 것이며, 장차 헌법에도 소수자 인권 보장을 강화하도록 해야 할 것입니다.

교회적 차원에서는 성소수자에 대해 제대로 알고자 하는 노력과 함께 그리스도의 복음의 정신에 비추어 이들을 어찌 받아들여야 할지 진지하게 고민하여야 할 것입니다. 여기서 가장 기본적인 물음, 곧 (1) 모든 공동체와 교회가 여러 성적 지향을 갖고 있는 소수자들이 있다는 것을 알고 있는지, (2) 이러한 성적 지향이 교회 안의 회원권과 지도력을 갖는 데 방해가 되는지 하는 물음을 제기하며 교회에 관한 근본적 지향을 선택하여야 할 것입니다.

차별 없는 그리스도의 공동체

그리스도의 복음은 어떤 차별도 용인하지 않고 구원의 빛 안으로 모든 사람을 인도합니다. 그리스도의 복음을 따르는 공동체로서 교회는 그 누구라도 제약 없이 맞이하는 '환대'를 지향합니다.

환대는 그저 베푸는 이의 선한 의지에 따라 낯선 이를 받아들이는 '관용'의 차원을 넘어섭니다. 관용은 선한 의지의 발로이기는 하지만, 여전히 타인을 낯선 상대로 바라보는 시선에서 벗어나 있지 않습니다. '우리와 함께하는 것을 용인하지만 우리를 방해하지는 마라.'는 의중을 함축하고 있는 것입니다.

반면에 환대는 낯선 상대를 무조건 받아들이는 것을 뜻합니다. 엄밀히 말하자면 그것은 타인을 낯선 이라 의식하지 않고 스스럼없이 맞이하는 것입니다. 아무런 조건 없이 한 공동체 안에서 누리고 있는 것을 더불어 누리고자 하는 개방성입니다. 그것은 초대한 손님을 맞아들이는 것이라기보다는 예고 없이 방문하는 손님을 맞이하는 것과 같습니다. 그 환대는, 예수께서 가장 낮은 사람들, 사회로부터 자격을 박탈당한 이들과 스스로를 동일시한 것(마 25:1-13), 그리고 사도 바울이 그리스도의 복음 안에서 유대인과 이방인, 종과 자유인, 남자와 여자가 하나라고 한 것(갈 3:28)과 같습니다. 그리스도의 복음을 따르는 교회는 그 환대의 정신을 구현하는 공동체로서 이 땅에서 하나님 나라를 보여주는 예표입니다.

그러나 현실로 존재하는 교회에서 환대는 여러 가지 점에서 난관에 봉착할 수 있습니다. 방문한 손님을 스스럼없이 맞이하기보다는 초대한 손님을 맞이하는 데 익숙하고, 그것은 언제나 선별 조건을 덧붙이고자 하는 유혹을 동반합니다. 두말할 것 없이 이때 환대의 의미는 퇴색되고 맙니다. 또한 조건 없이 환대한다고 하더라도 방문자가 여전히 손님으로 남을 수도 있습니다. 특별히 배려받는 존재가 된다면 여전히 손님일 뿐입니다.

그래서 무조건적인 환대를 구현하기 위해서는 정당한 구성원으로서 동등하게 참여할 수 있음을 보장하는 '인정'이 공동체의 구성 원리가 되어야 합니다. 그것은 각자의 정체성이 있는 그대로 긍정되고, 그것이 공동체 구성원에게 어떤 제약이나 특권의 조건이 되지 않는 것을 뜻합니다. "내 모습 이대로 주 받아주소서"(찬송 214장)라고 찬송하지 않습니까? 이 찬송은 예수 그리스도에 대한 기대이자 동시에 그분의 복음을 따르는 교회공동체에 대한 기대이기도 합니다. 성소수자뿐만 아니라 여러 소수자들이 소수자로서가 아니라 그저 존재 자체로 환대받고 당당한 구성원으로서 동등하게 참여하는 교회, 그것이야말로 아름다운 환대의 공동체로서 교회의 모습입니다.

교회가 그 뜻을 이루기 위해서는 맞아들이는 이에게 조건을 요구하기보다는 교회가 그렇게 맞아들이려면 어떤 조건을 변화시켜야 하는지 먼저 돌아보아야 할 것입니다. 그 변화시켜야 할 조건에 대해서는 다음에 준비되어 있는 과정을 통해 더 구체적으로 생각해보기를 바랍니다.

4
같이 걷기 네 걸음

🤝 환대하는 공동체로 가는 길

앞에서 우리는 역사적 흐름과 과학적·의학적 인식 발전의 영향으로 성소수자를 환대하는 것이 세계교회의 흐름이라는 것을 살펴보았습니다. 이제 조금 더 구체적으로 우리가 속해 있는 신앙공동체인 교회가 환대하는 공동체를 이루기 위해 어떻게 한 걸음 더 내디딜 수 있을지에 관해 이야기를 이어가려고 합니다.

환대하는 교회는 무지개교회로 불리기도 합니다. 다른 빛들이 서로 어울려 아름다운 빛을 발하는 무지개와 닮았기 때문입니다. 한 사람 한 사람 그 존재 자체로 환대받고 당당한 구성원으로서 동등하게 참여하는 교회는 비단 성소수자만이 아니라 이 사회에서 소수자로 살아가는 모두의 교회이기도 합니다.

자, 이제 환대하는 교회로 가는 길을 떠나봅시다.

- 몸맘풀기에서 대화를 위한 마음 열기를 준비한 후 〈스텝 1, 2〉를 통해 우리 교회에 대한 이야기를 나누어보세요. 혹 다른 의견이라도 다름과 차이를 존중하며 안전한 대화 마당을 만들어봅시다.
- 이 과정을 마친 후에는 〈스텝 3〉의 12가지 질문으로 조금 더 서로의 이야기를 구체화해 나가면서, 〈스텝 4, 5, 6〉을 통해 우리가 실천할 수 있는 길을 모색해봅니다.
- 〈스텝 7〉은 환대하는 교회 상담을 위한 길라잡이로 목회자와 교인이 기억해두면 좋을 내용입니다.

서로에 대한 신뢰를 바탕으로 상대의 말을 경청하려면 우리가 대화하는 이 공간에서 안전함과 편안함을 느낄 수 있어야 합니다. 모임 공간을 세심하게 준비할 수 있으면 더욱 좋습니다. 대화의 공간은 가능한 서로의 얼굴을 볼 수 있도록 자리를 배치하고, 모임 시작 전이나 쉬는 시간에는 음악을 적극 활용합니다. 입구나 공간 한쪽에 환대를 상징하는 소품이나 책 등을 전시해보면 어떨까요?

몸맘풀기

자기소개와 모임에 참여하게 된 동기 또는 기대감을 나누어보세요. 그리고 성소수자인 교인이 내게 커밍아웃을 한다면 어떤 이야기를 하고 싶은지 나누어보세요.

〈스텝 1〉 언어 사용과 공간 점검하기

- **언어 사용**
  - 생각해보지 못한 낯선 의제를 대할 때 충분히 공감대가 형성될 수 있기까지 소통을 멈추지 않기 위해 우리에게 필요한 것은 무엇일지 나누어보세요.
  - 처음 보는 사람에게 가장 궁금한 것은 무엇인지 나누어보세요.
  - 성 역할 고정화란 무슨 의미일까요? 우리 교회는 어떤가요?
  - 활동하는 모임에서 불편했던 경험이 있다면 나누어보세요. (예: 소수자 비하 또는 희화화하는 말, 신체접촉, 반말, 훑어보는 시선, 꼬치꼬치 캐묻는 것 같은 질문 등)

- **공간 사용**
  - 성별로 구분된 공간을 사용해야 하는 경우, 트렌스젠더인 교

인은 어떻게 하면 좋을까요?
- 성소수자에게 안전한 공간임을 나타내는 표식(무지개 깃발, 무지개 스티커 등)을 본 경험이 있나요? 어디서 보았나요? 표식을 보았을 때 어떤 느낌이 들었나요?

〈스텝 2〉 무지개 감수성 점검하기

■ **나누어보세요!**
- 이 책의 "용어 정리"(42-47쪽)에서 이미 알고 있던 말과 처음 접하는 말이 있다면?
- 이 책의 "성소수자 아는 만큼 보인다"(36-41쪽)에서 처음 접하는 내용 또는 더 궁금한 내용이 있다면?
- 이 책의 "다양한 스펙트럼"(57-62쪽) 중 나 또는 우리 교회가 속해 있는 카테고리가 있다면?
- 성서와 동성애에 관한 다양한 신학적 연구의 예시가 될 수 있는 내용이 있다면?
- 성적 지향이 교회 안의 회원권과 지도력에 미치는 영향이 있다면?

■ **내 생각과 감정은 어떤가요?**
- 동성에게 느끼는 감정 때문에 자신의 성 정체성에 의문을 가

져본 적이 있다.
- '만약 내가 성소수자라면?'이라고 생각해본 적이 있다.
- 성적 지향이나 성 정체성의 이유로 차별을 당하는 것이 옳지 않다고 생각한다.
- 교회에서 성 정체성과 관련하여 다양한 '인권'의 문제를 이야기하는 것은 당연하다.
- 동성애는 질병이 아니며, 따라서 성소수자의 성적 지향이 치료되거나 치료의 대상이 될 수 없다고 생각한다.
- '동성애자들은 모두 성적으로 문란하다.'는 생각은 편견이다.
- 그리스도인 중에 성소수자가 있는 것은 자연스러운 일이다.

■ 우리의 경험은 어떤가요?
- 가족이나 친구 중에 성소수자가 있다.
- 성소수자를 혐오하는 발언을 들어(해)봤다.
- 성소수자 친구들을 상담하거나 고민을 들어본 적이 있다.
- 성서에 근거하여 동성애를 죄라고 설교하거나 또는 가르친 (적이 있)다.
- 성소수자가 전환치료로 고통당하는 것을 본 적이 있다.
- 성소수자 친구들을 공개적으로 옹호해본 적이 있다.
- 성소수자의 편을 들다가 혐오의 시선이나 공격을 당한 적이 있다.

- 성소수자의 인권을 위해 활동하는 단체나 모임에 참여하고 있다.
- 성소수자 차별에 반대하는 시위나 행진에 참여한 적이 있다.

〈스텝 3〉 환대하는 교회 점검을 위한 12가지 질문

1. 성소수자 교인이 교회공동체 안에서 커밍아웃을 한 적이 있나요?
2. 교역자 또는 교인 중 성소수자 인권에 대한 교육 과정에 참여해본 경험자가 있나요?
3. 예배 중 봉헌이나 안내 등 봉사자를 성별로 구분하여 지정하나요?
4. 교회 조직이 성별 분리(남전도회, 여전도회 등), 가족 중심(속회, 구역 등)으로 구성되어 있나요?
5. 교역자 및 교회학교 교사교육 등 성소수자에 대한 이해를 돕는 내용이 커리큘럼에 포함되어 있나요?
6. 예배나 교회 내 공적 모임에서 성소수자를 시혜적 존재 또는 치유의 대상으로 언급하는 경우가 있나요?
7. 교회 의사결정 과정이나 일상생활 전반에 걸쳐 성적 지향 또는 성별 정체성이 언급되는 경우가 있나요?
8. 성소수자를 환대하고 모두를 위한 안전한 공간이라는 표시

(스티커, 사진, 글귀 등)를 교회에서 찾아볼 수 있나요?
9. 교회 화장실은 성별로 구분되어 있나요? 혹 일부라도 모두를 위한 화장실(성중립)이 있나요?
10. 교회의 다양한 프로그램에 성소수자 당사자의 목소리나 활동이 반영되고 있나요?
11. 교회 출판물(설교문, 교재, 회의록 등)에 성중립적 용어를 반영하고 성소수자를 혐오하거나 배제하는 내용을 점검하나요?
12. 성소수자 인권과 관련된 다양한 행사가 교회 연간 계획에 반영될 수 있나요?

■ 모두를 위한 화장실(성중립 화장실)이란?

모두를 위한 화장실(성중립 화장실)은 성별뿐만 아니라 나이, 장애 여부, 성적 지향, 성별 정체성과 관계 없이 모든 사람이 이용할 수 있는 1인용 화장실을 말합니다. 생물학적 성과 다른 외모를 가짐으로써 성별로 구분되어 있는 기존의 화장실을 사용하는 데 어려움이 있는 성소수자들도 자연스럽게 사용할 수 있을 뿐만 아니라, 중증장애인이나 고령의 노인들, 영유아와 같이 보호자의 동행이 요구되는 경우 큰 도움이 될 수 있습니다. 모두를 위한 화장실이라는 표식만으로도 소수자들은 한결 편안함을 느낄 수 있습니다.

- 성중립 화장실을 이용하는 방법
    1단계. 노크를 한다.
    2단계. 문을 열고 들어간다.
    3단계. 시원하게 볼일을 본다.
    4단계. 손을 깨끗하게 씻는다.
    5단계. 문을 닫고 나온다.

〈스텝 4〉 기념하고 기억하기

우리는 교회 활동을 통해 무엇을 기억하고, 어떤 실천을 다짐하고 있나요? 다음과 같은 성소수자 기념일을 반영하여 함께 기억하는 주일예배를 기획하거나 특별활동을 계획하면 어떨까요?

3월 31일 _ 국제 트랜스젠더 가시화의 날
International Transgender Day of Visibility
트랜스젠더의 존재를 세상에 드러내고 관련 의제들을 가시화하기 위한 국제적 기념일입니다.

4월 26일 _ 육우당 추모의 날
육우당의 기일을 기억하는 그리스도인 기도모임이 매해 진행되고 있습니다.

■ 청소년 성소수자 육우당(六友堂, 본명 윤현석)은?

아마추어 연극배우이자 성악가이기도 했던 육우당은 2003년 4월 25일, 자신이 일하던 동성애자인권연대 사무실에서 동성애자의 인권을 요구하며 스스로 목을 매 19살의 짧은 생을 마감했습니다. 독실한 천주교 신자였던 그는 유서에서 "내가 믿는 하느님은 나를 받아줄 것이다."라는 구절을 남겼으며, 자신을 죽음으로 몰아간 사람들에게도 하느님의 용서와 평안이 함께 하기를 기원했습니다.

중학교 때 자신이 게이라는 사실을 인식한 육우당은 학창시절 내내 친구들로부터 따돌림과 괴롭힘을 당하다가 2000년 12월 고등학교를 자퇴했습니다. 이후 동성애 커뮤니티 및 동성애자 단체를 청소년 유해 매체로 지정해야 한다는 여론에 맞서 동성애 혐오를 비판하고 동성애자의 입장을 대변하는 등 동성애자 및 소수자 차별 철폐 활동에 적극적으로 나섰으며 반전 평화 운동, 이라크 파병 반대 운동 등을 펼치기도 했습니다. 그의 안타까운 죽음을 계기로 2004년, '동성애'가 청소년보호법의 유해 단어와 인터넷 금지 단어, 음란물 지정에서 삭제되었으며 이는 전국적인 학생인권조례 제정의 시발점이 되기도 했습니다. 육우당을 기억하는 그리스도인들은 매년 4월 넷째 주 목요일, 혐오와 차별에 희생된 성소수자 벗들을 기리는 육우당 추모기도회를 드리고 있습니다.

5월 17일 _ 국제 성소수자 혐오 반대의 날
International Day Against Homophobia, Biphobia,
Intersexphobia and Transphobia: IDAHOBIT

1990년 5월 17일, 세계보건기구(WHO)는 국제질병분류(International Classification of Diseases)를 개정하며 '동성애'를 정신장애 부문에서 삭제하고 '성적 지향만으로는 장애로 간주되지 않는다.'고 명시했습니다. 전 세계 성소수자 커뮤니티와 관련 단체는 성소수자에 대한 혐오를 반대하는 날로 정하고 다양한 행사를 개최하고 있습니다.

11월 20일 _ 트랜스젠더 추모의 날
Transgender Day of Remembrance: TDoR

세계 각지에서 혐오와 차별로 인해 먼저 세상을 떠난 트랜스젠더들을 기억하고 추모하는 날입니다. 1998년 미국에서 혐오범죄로 살해당한 리타 헤스터를 추모하며 시작되었습니다.

12월 1일 _ HIV/AIDS 감염인 인권의 날(세계 에이즈의 날)

1988년 WHO를 중심으로 '세계 에이즈의 날'로 기념하고 있으며, 한국에서는 감염인의 인권을 증진하는 것이 곧 예방의 지름길이라는 의미를 담아 2006년부터 'HIV/AIDS 감염인 인권의 날'로 기념하고 있습니다.

12월 10일 _ 세계인권선언기념일
International Day of Human Rights

1948년 12월 10일 유엔인권위원회는 각국의 다양한 경제, 문화, 사회, 정치적 체제를 반영하고 인류 공동의 가치를 담은 내용의 〈세계인권선언〉을 채택하고 1950년 제5차 유엔 총회에서 12월 10일을 '세계인권선언기념일'로 선포했습니다. 〈세계인권선언〉은 제2차 세계대전으로 인한 각종 인권침해에 대한 인류의 반성을 요구하고 모든 인간의 기본적 권리를 존중해야 한다는 유엔 헌장의 취지를 구체화한 내용으로 구성되어 있습니다.

위 기념일 외에도 '커밍아웃의 날'(10월 11일), '양성애자 가시화의 날'(9월 23일), '무성애자 가시화의 날'(10월 26일) 등이 있습니다. 현재 인권과 관련한 기억 주일이 연간 계획 중에 포함되어 있지 않다면, 세계인권선언기념일 즈음을 인권주일로 제정하여 다양한 소수자의 목소리를 나눌 수 있는 장을 만들어보면 어떨까요?

〈스텝 5〉 마주하고 더 깊이 알아가기

주일예배를 특정 주제를 담은 예배로 기획하기 어려운 상황이라면 초청 특강의 기회를 만들어볼 수 있습니다. 성소수자 인권과 관련하여 성소수자 그리스도인을 초청하거나, 성소수자 인권과 관련된 강의, 책읽기 모임, 영화 상영 등을 진행할 수 있습니다. 97쪽의 부록을 참조하세요.

〈스텝 6〉 환대하는 교회 약속 만들기

〈스텝 5〉까지 마쳤다면 워크숍을 개최하여 우리 교회가 함께 지켜갈 약속을 만들어봅시다.

약속을 완성한 후에는, 우리 교회가 환대하는 공동체('무지개교회')임을 가시화할 수 있는 기회를 만들어봅시다.

* 환대하는 교회 약속 만들기의 구체적인 내용은 다음 장(징검다리 건너기-워크숍의 실제)을 참고하세요.

〈스텝 7〉 무지개 고민 들어주기

성소수자 교인이 커밍아웃을 한다면?
한 교인이 당신에게 자신이 성소수자라고 커밍아웃을 할 때 당신의 첫 반응(표정, 말투 등)은 매우 중요합니다. 아마 그 교인은 당신에게 커밍아웃을 할지 말지, 언제 어떻게 말해야 할지를 아주 오랫동안 고민해왔을 것입니다. 이때 당신이 참고하면 좋을 몇 가지 팁이 있습니다.

당신에게 커밍아웃하는 교인을 지지해주세요.
당신이 안전한 사람이라고 느낄 때 성소수자 교인은 도움을 요청하기 위해 당신을 찾아올 수 있습니다. 물론 충분히 준비가 되어 있지 않은 상황에서 자신의 성적 지향과 성별 정체성을 드러내는 교인을 만날 수도 있습니다.

성소수자 교인이 유일하게 커밍아웃한 사람이 당신이 될 수도 있습니다. 커밍아웃을 했다고 해서 무조건 도움이나 지원이 필요한 것은 아닙니다. 그 교인은 그저 자신의 이야기를 누군가에게 털어놓고 싶었거나, 당신이 교인들을 더 잘 이해하기 바라는 마음뿐이었을 수도 있습니다.

커밍아웃의 긍정적 측면은 자신의 정체성을 더 이상 숨기지 않아도 된다는 것입니다.
성적 지향과 성별 정체성에 대해 누군가와 나눌 수 있다면 그 교인은 훨씬 편안한 마음으로 교회생활을 이어갈 수 있습니다. 하지만 자신을 가감 없이 드러낼 경우 위험한 상황이 생길 수도 있습니다. 실제 커밍아웃한 성소수자가 학교, 직장, 가정, 또래집단 등에서 혐오 섞인 말, 욕설, 따돌림, 괴롭힘에 노출되는 경우도 많습니다. 때문에 지지자로서 당신이 할 수 있는 가장 중요한 일 중 하나는 커밍아웃한 교인이 아웃팅당하는 일이 없도록 성적 지향이나 성별 정체성이 매우 민감한 개인정보임을 인지하는 것입니다. 당신에게 커밍아웃했다고 해서 다른 사람에게도 커밍아웃할 준비가 된 것은 아니기 때문입니다. 교인이 요청하지 않는 한, 당신과 그 교인만의 비밀이 유지되어야 합니다. 만약 교인이 다른 사람에게도 알리기를 원한다면, 그 교인 나름의 방식과 과정으로 풀어갈 수 있도록 곁에서 지지자가 되어주세요.

"나는 게이/레즈비언/바이섹슈얼/트랜스젠더이다."라고 말하는 과정에서 혼자 감당하기 어려운 감정을 겪지 않도록 존중하는 마음으로 곁에 있어주세요.

필요 시 전문가에게 도움을 요청하거나 전문 기관과 연계할 수 있도록 합니다.

모든 것을 다 잘해야 한다는 강박감을 내려놓으세요. 당신이 잘 모르는 성적 지향과 성별 정체성에 대해 이야기할 경우, 아는 척하거나 부정확한 정보를 가지고 대화하기보다는 낯선 내용임을 솔직히 인정하고 "더 자세히 알고 싶은데 설명해줄 수 있나요?"와 같이 직접 물어보는 것이 좋습니다. 당신에게 커밍아웃한 교인은 자신의 정체성에 대해 오랫동안 고민해왔기 때문에 훨씬 풍부한 사례와 정보를 가지고 있을 것입니다. 좋은 지지자는 모르는 것을 아는 척하는 것이 아니라, 직접 물어보고 끊임없이 배워나가는 열린 태도를 가진 사람이라는 사실을 잊지 마세요.

교인의 용기에 감사를 표합니다.

비밀을 말하는 건 쉽지 않습니다. 특히 그것이 일반적인 사회 통념과 다른 것으로 간주될 경우, 더 큰 어려움이 있습니다. 더구나 자신의 성적 지향이나 성별 정체성을 처음으로 누군가에게 밝히는 데에는 위험부담이 따르기도 합니다. 그럼에도 누군가가 당신에게 커밍아웃하는 것은 그 사람이 당신을 신뢰하고 존중한다는 뜻입니다. 그러니 그 마음을 선물이라고 생각하고 감사를 표한다면 그 사람은 더욱 안정감을 느낄 것입니다.

당사자의 이야기를 듣고, 듣고, 또 들어주세요.

교인을 지원하는 가장 좋은 방법 중 하나는 당신이 언제든 곁에서 들을 준비가 되어 있음을 알리는 것입니다. 커밍아웃은 기나긴 과정입니다. 커밍아웃의 과정이나 그로 인해 힘들었던 점, 그리고 커밍아웃을 한 뒤의 해방감과 앞으로의 고민을 이야기하러 당신을 다시 찾아올 수도 있습니다.

이해, 수용, 공감을 담은 질문을 해보세요. 몇 가지 예가 있습니다.

"가정/교회/직장/학교 등에서 성소수자로 지내는 것이 안전하다고 느끼나요?"

"필요할 때 도움을 줄 수 있는 사람이 주위에 있나요?"

"당신의 이야기를 들어줄 사람이 있나요?"

"이야기 중에 궁금한 내용을 솔직하게 질문해도 될까요?"

커밍아웃하기 전에 당신이 알던 그 사람과 이후의 사람은 똑같은 사람입니다. 당신은 단지 이 일 이후로 교인에 대해 더 많은 것을 알게 된 것이고, 교인과의 관계를 더 좋게 만들 수 있는 계기가 찾아왔을 뿐입니다. 당신이 상담한 교인을 커밍아웃 이전과 똑같이 생각하고 있고, 오히려 커밍아웃 이후에 그에게 더 깊은 신뢰와 고마움이 생겼다는 점을 알려주세요. 만약 당신이 놀랐다 하더라도 그 충격 때문에 교인을 달리 보거나 교인을 대하는 당신의 태도가 변하지 않도록 노력하세요.

특별 사례 1_트렌스젠더 상담

성별이 단순히 남/여와 같은 이분법 개념이 아니라는 사실, 성별 정체성은 여러 스펙트럼을 아우르고 있다는 사실, 한 사람의 성별 정체성은 출생 시 지정된 성(SEX)과 일치하지 않을 수도 있다는 사실을 이해해야 합니다. 성별 정체성과 성적 지향은 별도의 개념이면서 서로 관련된 개념입니다.(성별 정체성: FtM-Female to Male, MtF-Male to Female, 성적 지향: 동성, 이성, 양성 등 용어설명 참조) 상대의 성별 정체성이나 성적 지향을 섣불리 판단하지 말고, 있는 모습 그대로 수용하고 지지하며 이해하도록 합니다.

특별 사례 2_성소수자 자살 예방 상담

성소수자 성인은 성인 일반 인구에 비해 자살과 관련한 생각을 7배가량 많이 하는 것으로 조사되었습니다. 청소년(18세 이하)의 경우 45.7%가 자살 시도를 한 적이 있고, 53.35%가 자해를 시도한 적이 있다고 합니다. 자살 예방을 위해서는 무엇보다도 자살 신호를 알아차리는 것이 중요합니다.

다음 위기 상담 과정을 기억해주세요.

(1) 자살 신호 알아채기(표현적 신호, 감정적 신호, 사건적 신호)
(2) 자살에 대해 직접 질문하기(자원연결을 위한 중요 단계)
(3) 도움 되는 자원에 이어주기(전문 상담기관 연계)

전문 상담기관은 부록을 참조하세요.

* 참고: 성소수자 자살예방지킴이 양성교육 〈무지개돌봄 워크북〉(친구사이, 마음연결 발행)

징검다리 건너기
– 워크숍의 실제

환대하는 교회 약속 만들기

1. 준비 단계
1) 준비물 : 필기도구(매직펜), 전지, 포스트잇(다양한 색상과 모양), 잔잔하고 밝은 배경음악
2) 진행자는 목적과 흐름을 잘 파악하여 주도적으로 이끌어가는 역할입니다. 참여자들이 적극적으로 참여해 발언할 수 있도록 끊임없이 독려해주세요. 또한 골고루 발언할 수 있도록 균형적인 태도를 유지하도록 하고 지나치게 발언을 많이 하거나 침묵을 지키는 참여자가 있을 경우 상황들을 적절하게 조율해주시면 됩니다.
3) 참여자는 쓰기, 말하기, 듣기의 형태로 참여하게 되는데 작성

하기 귀찮을 수도 있고, 과연 효과가 있는지 의문이 들 수도 있습니다. 그렇지만 모든 과정이 대안을 찾아가는 과정이라고 여기며 긍정적이고 열린 자세로 참여해야 합니다. 결과가 만족스럽지 못하더라도 논의 과정에서 얻을 수 있는 부분을 찾아보고 다양한 사람과의 소통 방법을 짚어봅니다.

2. 진행 방법
1) 참여자는 전지 가운데에 작은 원 1개와 큰 원 1개를 겹치게 그립니다.
2) 참여자는 작은 원에 '환대하는 교회 약속 만들기'라고 주제를 작성합니다.
3) 참여자는 주제와 관련된 키워드를 작성하기 전에 책의 앞부분 내용을 다루면서 성소수자에 대하여 갖고 있던 생각과 깨달음, 다짐 등을 포스트잇에 적습니다.
4) 참여자들은 서로 내용을 공유하며 비슷한 종류끼리 묶습니다. 비슷한 종류끼리 묶인 내용을 하나의 단어로 포스트잇에 적고 바깥쪽 큰 원에 붙입니다.
5) 두 원의 내용이 채워지면, 바깥 원 가장자리 선에서 자기 앞쪽으로 선을 그어봅니다. 참여자 수만큼 선을 그리면 자신 앞쪽에 내용을 적을 수 있는 영역이 생깁니다.
6) 자기 영역 내에 바깥쪽 원에 기재된 키워드에 관하여 공동체

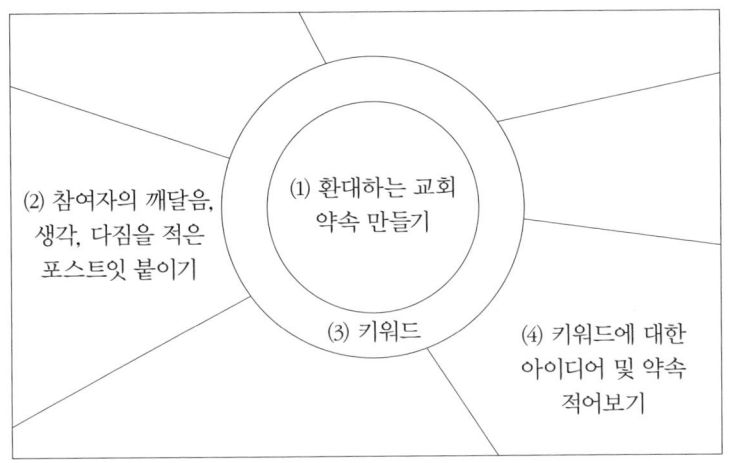

로서 함께 풀어갈 수 있는 아이디어 및 약속을 생각해보고 각자 3분간 작성합니다.

7) 시계 방향으로 종이를 돌리면 옆 참여자에게 작성 영역이 놓이게 됩니다.

8) 참여자는 자신 앞에 놓인 옆 참여자의 의견에 관해 아이디어를 덧붙입니다. 해당 의견을 응원하거나, 도움이 될 만한 정보를 기재해도 좋습니다. 아니면 새로운 접근 방식의 해결 방안을 적습니다.

9) 참여자 수만큼 시계 방향으로 종이를 돌리며 의견을 보태는 과정을 거칩니다. 최종적으로 내 의견에 달린 의견들을 훑어본 뒤 해결 방안을 정리합니다.

10) 새로운 전지에 각 키워드별로 정리된 해결 방안이나 아이디어 목록을 적고 모든 사람이 함께 공유하는 시간을 가집니다.
11) 게시하고 공유할 수 있는 형태로 제작하여 약속을 지키고자 하는 다짐을 지속적으로 상기시키는 방법을 생각해봅니다.

3. 도움이 될 만한 팁
1) 참여자 간 원활하게 소통하고, 경직된 분위기를 풀 수 있도록 잔잔하고 밝은 배경음악을 활용합니다.
2) 진행자는 참여자가 자유롭게 의견을 제시할 수 있도록 가이드라인만 제시할 뿐 최소화로 개입합니다.
3) 참여자가 전지에 원을 과도하게 크게 그릴 경우 공간 배분이 모자랄 수 있으므로 적당한 크기로 그리도록 미리 안내해줍니다.

배려하는 교회 되기

진행 방법
1) 앞에서 만든 '환대하는 교회 약속'의 항목을 하나하나 다양한 대상에게 적용해봅니다.(성소수자뿐 아니라 장애인, 여성, 노인, 한 부모 가족, 난민 등 사회적 소수자 등)
2) 각각 다른 대상에게 적용해 보면서 최대한 다양한 대상자들이 포함되어 적용될 수 있는 내용으로 수정해봅니다.

3) 다양한 사람들에 대한 이해와 시야를 넓히고 교회가 함께할 수 있는 방법을 고민해봅니다.

* 가능하면 대상자를 초대하여 함께 실제적인 이야기들을 나누는 형태의 토론회로 진행하는 것이 좋습니다. 초대가 어려울 경우 참여자들이 각각의 소수자들의 입장에 대해서 자료조사 및 스터디하고 그 대상자를 대변하는 입장이 되어 진행하는 방법도 좋습니다.

환대하는 교회 선언하기

1. 다른 무지개교회들과 연대하기, 네트워크 형성
   (무지개예수 가입 등)
   처음 시도하고 만들어가는 과정은 쉽지 않습니다. 하지만 함께하는 여러 단체 및 교회와의 교류와 나눔을 통해 무지개교회로서 연대하고 공유하면서 진정한 하나님의 사랑을 경험하게 될 것입니다.

2. 퀴어 관련 활동에 참여하기(퀴어문화축제, 세미나 등)
   성소수자와 관련된 활동에 참여하면서 직간접적으로 다양한 성소수자의 문화와 세계를 접해보는 것이 성소수자를 이해하기 위한 가장 빠르고 쉽고 정확한 방법입니다.

3. 어버이주일, 어린이주일과 같이 성소수자 관련 기념 주일을 만들어 교회 연간계획 세우기

   인권 및 다양한 소수자, 성소수자 관련 기념 주일을 계획하며 예배를 만들어가는 일은 누군가를 배제, 차별, 혐오하면서 우리끼리 드리는 예배를 넘어 '모든 사람'이 함께 하나님을 예배하는 참된 예배를 실현하는 일입니다.

4. 성소수자 커뮤니티에 홍보(안전함과 환대함을 강조)

   지역사회 내에 있는 그리스도인 성소수자들이 안전하게 예배드릴 공동체를 찾을 수 있도록 홍보가 필요합니다. 혐오와 차별 속에서 숨죽인 채로 자신을 감추고 살아가는 이들에게 무지개교회는 그 존재만으로도 위로와 희망이 될 것입니다.

부록

위기연결, 전문상담소, 의료기관 연락처

관련 정보를 얻고 싶거나 상담이 필요할 때

청소년성소수자위기지원센터 띵동

https://www.ddingdong.kr

위기 상황에 놓인 청소년 성소수자를 상담하고 지원하는 활동을 합니다. 청소년 성소수자들이 신체적·정신적 안녕을 보장받고 성적 지향 및 성별 정체성에 대한 자아존중감을 바탕으로 주체적인 삶을 살 수 있도록 함께합니다.

- 운영시간: 화-토 오전 11시-오후 9시(일, 월, 공휴일 휴무)
- 상담전화: 02-924-1227
- 카톡아이디: 띵동 119(친구 추가 후 1:1 상담 가능)

성소수자 자살예방프로젝트 마음연결

https://chingusai.net/xe/main_connect

한국게이인권운동단체 친구사이에서 2014년부터 진행하고 있는 성소수자 자살예방 프로젝트입니다. 마음연결은 성소수자들의 자살 문제가 얼마나 심각한지 알리고, 커뮤니티 안팎에서 예방 활동에 동참할 것을 독려하여 궁극적으로는 성소수자의 자살률을 낮추는 것을 목표로 합니다. 캠페인과 상담, 네트워크 형성, 자조

모임, 커뮤니티 내 자살예방지킴이 양성 등의 사업을 전개하고 있습니다. 도움을 원한다면 사이트 내 온라인 게시판 혹은 전화 연결을 통해 상담이 가능합니다.
- 운영시간: 매주 화, 목 오후 8시-10시 30분(공휴일 제외)
- 핫라인 1393 / 상담전화 02-6953-7941

무지개예수

http://www.rainbowyesu.org

성소수자 그리스도인과 성소수자와 함께하고자 하는 그리스도인 앨라이 모임으로서 교계 안팎의 다양한 영역에서 성소수자 인권이 존중받을 수 있도록 함께 기도하며 연대하는 모임입니다. 매년 육우당 추모기도회를 기획하고 진행하며, 신앙상담과 무지개교회 찾기 프로젝트 등 신앙생활 전반에 대한 나눔이 가능합니다.
- 이메일: rainbowyesu@gmail.com

성소수자부모모임

https://www.pflagkorea.org

성소수자 인권을 지지하고 사회적 약자들의 권리를 위해 함께 노력하는 성소수자 부모와 가족들의 모임입니다. 홈페이지에서도 상담 신청이 가능합니다.
- 이메일: rainbowmamapapa@gmail.com

한국 HIV/AIDS감염인연합회 KNP+

http://knpplus.org

HIV/AIDS 감염인 자조모임과 개인들의 참여로 운영되고 있으며 감염인의 삶의 질 향상, 진료 및 치료환경 개선, 그리고 감염인의 인권 증진과 사회적 차별을 해소하기 위해 설립된 단체로 정서지지 마음치유 상담프로그램을 진행하고 있습니다. 또한 HIV 감염인이라는 이유로 진료 거부나 수술 거부를 당했을 때에도 상담이 가능합니다.

- 상담전화: 010-4844-8525
- 이메일상담: knpplus2012@gmail.com
- 카톡아이디: knpplus

전문상담소

트라우마치유센터 사회적협동조합 사람마음

https://www.traumahealingcenter.org

트라우마 전문 비영리 민간심리치료 인권센터입니다. 폭력 경험 등 트라우마 생존자의 심리치료를 진행하며 심리전문가, 상담심리사, 임상상담전문가 등과의 상담이 가능합니다.

- 심리상담 예약접수: 02-747-1210(화-토 오전 10시-오후 5시)

* 내담자가 많아 3개월가량 대기 필요

한국레즈비언상담소

https://lsangdam.org

상담자와 내담자가 영향을 주고받으며 함께 변화하는 지지와 연대로서의 상담을 지향하는 단체로 현재 열린 상담 게시판에서 상담이 가능합니다.

성소수자 에이즈예방센터

http://ishap.org

보건복지부·질병관리본부에서 지원하는 국민건강증진기금과 후원금으로 운영되는 iSHAP은 남성 동성애자와 트랜스 여성을 대상으로 HIV/AIDS 예방교육, 홍보, 상담, 검사 사업을 진행하고 있습니다. 서울 종로와 이태원, 그리고 부산 범일동에서 운영 중입니다.

- 전화상담

  종로: 02-792-0083(월 오후 2-6시, 화-토 오전 10시-오후 9시)

  부산: 051-646-8088(화-토 오후 1-9시)

  이태원: 02-749-1107(수, 금, 토 오후 1-9시)

- 온라인상담: 홈페이지 상담실에서 신청 가능합니다.

행동하는성소수자인권연대

http://lgbtpride.or.kr

성소수자라는 이유로 부당한 인권침해를 받았을 경우 인권상담센터를 통한 상담이 가능합니다.

- 전화상담: 02-715-9984(월, 수, 금 오후 1-8시)
- 이메일상담: lgbtcounsel@gmail.com
  [제목에 (상담신청)이라고 표시해주세요.]

의료기관

무지개의원(마포의료복지사회적협동조합)

www.mapomedcoop.net

가정의학, 소아청소년과, 외과, 피부과, 비뇨기과, 건강검진 등 편견과 차별 없이 진료를 받을 수 있는 의원입니다. 트랜스젠더 호르몬치료에 관한 상담이 가능합니다.

- 상담전화: 02-326-0611

건강혁신 살림의원 살림의료복지사회적협동조합

http://cafe.daum.net/femihealth

가정의학과, 정신건강의학과, 부인과, 치과 진료가 가능하며, 적정진료, 예방 중심으로 인권 진료를 기반으로 트랜스젠더, 성소수자가 편안하게 진료받을 수 있습니다.
- 상담전화: 02-6014-9949

강동성심병원 LGBTQ+센터

https://www.kdh.or.kr

국내 최초 성소수자 진료를 전문으로 하는 진료 센터로서 강동성심병원의 모든 진료과에 성소수자 전담 진료 의료진 앨라이 닥터(Ally Doctor) 제도를 시행하고 있습니다.

- 진료 영역

    성형외과(안면윤곽, 안면성형, 가슴/체형성형, 성확정수술)

    산부인과(자궁적출술, 질폐색술, 자궁경부 검진, 성확정수술)

    비뇨의학과(고환적출술, 음경제거술, 전립선 검진, 성확정수술)

    외과(소화기 암 검진, 성확정수술)

    정신건강의학과(성인 및 청소년 성소수자 정신과 진료 및 심리상담)

    내분비내과(호르몬 대체요법)

    감염내과(HIV/STD 예방과 치료, 감염인 상담지원)

    이비인후과(음성 여성화 수술, 갑상연골 축소술)

    음성치료실(발성 트레이닝)

    사회사업팀(지지 상담 및 사회복지서비스 연계)

- 진료문의: 02-2224-2246

＊ 홈페이지에서 회원가입 후 온라인 진료예약이 가능합니다.

고려대학교 안암병원

http://anam.kumc.or.kr

젠더건강센터와 젠더클리닉을 통해 외적 변화뿐 아니라 좀 더 안정적인 삶의 변화를 위한 다방면의 치료를 제공합니다. 정신건강의학과, 성형외과, 비뇨의학과, 산부인과, 내분비내과, 가정의학과, 사회사업팀 등 여러 진료과와의 긴밀한 다학제 팀 체계를 구축하여 전문적이고 포괄적인 치료를 제공합니다.

- 예약전화: 1577-0083

순천향대학교 부속 서울병원

www.schmc.ac.kr

산부인과에서 트랜스젠더 호르몬 치료를 전공한 이은실 교수의 진료를 받을 수 있습니다.

- 안내전화: 02-709-9114

의료상담

성소수자알권리보장지원 노스웨스트 호

https://theshipnorthwest.tistory.com

'믿을 수 있는 정보'를 '전문가의 자문'을 받아 공개하고 교육하는 정보 공개 및 교육 단체로 전국의 퀴어프렌들리 정신과와 상담센터를 소개합니다. 진료비, 진료 후기 등이 업데이트됩니다.

법률 상담이 필요할 때 / 부당하게 차별받았을 때

공익인권법재단 공감

https://www.kpil.org

소수자 및 사회적 약자의 인권 개선을 목표로 공익소송 지원, 불합리한 법 제도 개선, 공익변호사 양성 사업 등을 진행하여 사회적으로 의미 있는 판결과 법제 개선을 다수 이끌어내고 있는 공익변호사 단체입니다. 성소수자를 포함한 다양한 사회적 약자에 대한 반복적인 인권침해 및 차별적 관행, 우리 사회의 공익에 반하는 불합리한 제도와 이로 인한 피해에 대해 법률자문·소송대리 등을 진행하고 있습니다. 성소수자에 대한 차별 및 인권 옹호를 위한 법률상담 및 소송 지원은 홈페이지 소송지원 게시판에서 신청 가능합니다.

- 상담전화: 02-3675-7740

공익인권변호사모임 희망을 만드는 법(희망법)

http://hopeandlaw.org

인권이 모든 영역에서 중심 가치가 되고 그 누구의 인권도 소외되지 않는 세상을 꿈꾸며 공익의 증진과 인권의 옹호, 독립성과 현장성 있는 활동을 펼쳐가고 있는 공익변호사 단체입니다. 성적 지향 또는 성별 정체성을 이유로 한 차별, 인권침해 관련 법률상담 및 소송 등에 대한 지원 신청은 홈페이지에서 가능합니다.
- 상담전화: 02-364-1210

무지개교회 기도문

축도

하나님의 사랑은 온 생명을 차별 없이 사랑하는 사랑입니다.
예수 그리스도의 은혜는 온누리가 함께 누려야 합니다.
성령의 사귐은 살아 있는 모든 것과
살아 있지 않은 모든 것들 가운데 넘치고 있습니다.
어떤 차별도 없는 사랑과 모두가 함께 누리는 은혜와
서로가 서로를 껴안아 보듬는 사귐이 여기 모인 모든 이들 가운데,
트랜스젠더, 바이섹슈얼, 레즈비언, 게이,
그리고 한 단어로 규정될 수 없는 모든 이들 가운데,
평화와 생명을 위해서 싸우는 모든 이들 가운데,
하나님의 공의가 강물같이 흐르기를 꿈꾸는 모든 이들 가운데
넘치기를 기원합니다. 아멘.

다양한 성적 지향과 성별 정체성을 가진 사람들을 위한 축복식

† 표시는 인도자가, ○ 표시는 참여한 모든 목회자들이 함께, ⊙ 표시는 모든 참여자가 함께 읽습니다. 하나님/하느님은 각자 신앙 전통에 따라 호칭합니다.

† 하늘과 땅, 이 세계의 모든 존재에 깃들어 계신
　우리들의 하나님/하느님,
⊙ 오늘 우리는 서로에게 축복이 되고자 이 자리에 모였습니다.
○ 우리는 당신과 나, 우리 모두를 있는 모습 그대로 사랑하는
　우리들의 하나님/하느님을 사랑합니다.
⊙ 나는 당신을 통해 하나님/하느님을 만나고, 당신은 나를 통해
　하나님/하느님의 속삭임을 듣습니다.
○ 이렇게 우리는 서로에게 축복이자 선물이 됩니다.
† 당신과 나, 우리가 사는 이 세계는 저절로 바뀌지 않습니다.
⊙ 지금 이 순간 여기에 모인 당신과 나, 우리의 마음과 삶이
　이어져 연대할 때에 변화를 이룹니다.
○ 이 자리에 모인 우리는 동등하며 독특합니다.
⊙ 당신과 나는 똑같은 무게로 존중받아야 하며,
　나와 당신은 서로의 독특함을 존중해야 합니다.
† 우리는 이 땅의 모든 성소수자들과 사회적 소수자들을 향한

⊙ 낙인과 혐오, 차별과 배제에 반대합니다.
○ 우리는 서로를 향한 믿음과 자비, 그리고 소망과 사랑만이
  이 세계와 우리를 구원할 수 있다고 고백합니다.
† 우리는 혐오가 아닌 사랑, 차별이 아닌 자비, 배제가 아닌
  가능성과 희망이 가득한 세계를 꿈꿉니다.
⊙ 이 자리에 모인 우리, 이제 서로의 기도가 되어
  용기를 가지고 꿈꾸는 세상을 향한 행진을 시작합니다.
○ 지금 모습 그대로 괜찮습니다. 지금 모습 그대로 소중합니다.
⊙ 우리가 발견할 또 다른 나를 사랑합니다. 우리, 서로에게
  축복이 될 수 있음에 감사합니다.
† 이제 우리, 이 위로와 연대의 자리에 함께한
  서로를 축복합시다.
⊙ 지금 모습 그대로 괜찮습니다. 나는 당신의 눈물과 기쁨,
  일상과 특별한 순간을 축복합니다.
○ 그 모든 게 괜찮습니다. 괜찮지 않아도 괜찮습니다.
⊙ 당신에게는 내가 있고, 나에게는 당신이 있습니다.
  우리에게는 사랑이 있습니다.
† 하나님/하느님께서 우리와 함께하십니다.
○ 이 땅의 다양한 성소수자와 함께하십니다.
⊙ 그 누가 뭐라든 우리와 함께하십니다.
† 하나님/하느님께서 그 모습 그대로

사랑하고 축복하시는 성소수자,
- ⊙ 이곳에 모인 모든 이들과 춤추며 웃고 떠드시는
  우리들의 하나님/하느님,
- † 우리가 모여 함께 울고 웃고 떠들썩하게 춤추며 즐거움을
  나누는 이 자리를, 여기서부터 한 구절씩 큰 소리로 외치며,
  성수와 꽃잎을 뿌려 축복합니다.
- ⊙ 약함으로 강함을 이기는 창조주와 참 사랑인 예수 그리스도와
  우리들의 호흡인 성령의 이름으로 축복하오니,
  이 자리와 이곳에 모인 모든 이들의 삶에
  사랑과 은총이 넘쳐나게 하소서. 아멘.

관련 도서, 영화, 연극 소개

도서

■ **성소수자 이야기**

김비.『못 생긴 트랜스젠더 김비 이야기』. 서울: 오상, 2001.

김성희 외.『3×FTM-세 성전환 남성의 이야기』. 서울: 그린비, 2008.

김준자.『커밍아웃 프롬 더 클로젯-가족 중에 동성애자가 있을 때』. 서울: 화남출판사, 2010.

김지혜. 『선량한 차별주의자』. 서울: 창비, 2019.

성소수자부모모임. 『커밍아웃 스토리-성소수자와 그 부모들의 이야기』. 대구: 한티재, 2018.

이경화. 『나』. 서울: 바람의아이들, 2006.

지승호·행동하는성소수자인권연대. 『후천성 인권 결핍 사회를 아웃팅하다-두려움에서 걸어나온 동성애자 이야기』. 서울: 시대의창, 2017.

터울. 『사랑의 조건을 묻다-어느 게이의 세상과 나를 향한 기록』. 서울: 숨쉬는책공장, 2015.

■ 성소수자와 인권

강병철·백조연·이주원·오승재·효록. 『#성소수자_LGBT(Q)』. 서울: 알마, 2018.

한국YMCA간사회젠더정의분과. 『성소수자 인권이해』. 서울: 따뜻한평화, 2018.

홍성수. 『말이 칼이 될 때-혐오표현은 무엇이고 왜 문제인가?』. 서울: 어크로스, 2018.

■ 성소수자와 그리스도교

김진호. 『성서와 동성애-혐오와 억측을 넘어, 성서 다시 읽기』. 파주: 오월의봄, 2020.

박경미. 『성서, 퀴어를 옹호하다 – 성서학자가 들려주는 기독교와 성소수자 이야기』. 대구: 한티재, 2020.

숲 프로젝트. 『하느님과 만난 동성애』. 서울: 한울, 2014.

한국성소수자연구회. 『무지개는 더 많은 빛깔을 원한다 – 성소수자 혐오를 넘어 인권의 확장으로』. 서울: 창비, 2019.

허호익. 『동성애는 죄인가』. 서울: 동연, 2019.

로저스, 잭. 조경희 옮김. 『예수, 성경, 동성애』. 서울: 한국기독교연구소, 2015.

사토꼬, 야마구찌. 양희매 옮김. 『동성애와 성경의 진실 – 무지개는 우리 가운데』. 서울: 무지개신학연구소, 2018.

스퐁, 존 쉘비. 김준년·이계준 옮김. 『성경의 시대착오적인 폭력들』. 서울: 한국기독교연구소, 2017.

윙크, 월터. 한성수 옮김. 『동성애와 기독교 신앙 – 교회들을 위한 양심의 질문들』. 서울: 무지개신학연구소, 2018.

쳉, 패트릭 S. 임유경·강주원 옮김. 『급진적인 사랑 – 퀴어신학 개론』. 서울: 무지개신학연구소, 2019.

쳉, 패트릭 S. 이영미 옮김. 『무지개신학 – 인종. 섹슈얼리티, 영성 사이의 다리 잇기』. 서울: 무지개신학연구소, 2017.

타니스, 저스틴. 김준우 옮김. 『트렌스젠더와 기독교 신앙』. 서울: 무지개신학연구소, 2019.

헬미니악, 다니엘. 김강일 옮김. 『성서가 말하는 동성애 – 신이 허락하고 인간이 금지한 사랑』. 부산: 해울, 2003.

■ LGBT 청소년

동성애자인권연대 외.『무지개 성 상담소-성정체성을 고민하는 아이들에게 어떤 말을 해야 할까?』. 서울: 양철북, 2014.

가든, 낸시. 이순미 옮김.『소녀, 소녀를 사랑하다』. 서울: 보물창고, 2007.

바우어, 데인 메리언 외. 조응주 옮김.『엠 아이 블루?』. 서울: 낭기열라, 2005.

■ LGBT(Q) 일반

라오크, 공자그 드. 정재곤 옮김.『고정관념Q-동성애』. 파주: 웅진지식하우스, 2007.

베어드, 바네사. 김고연주 옮김.『성적 다양성, 두렵거나 혹은 모르거나』. 서울: 이후, 2007.

보개트, 앤서니. 임옥희 옮김.『무성애를 말하다』. 서울: 레디셋고, 2013.

페르낭페즈, 도미니크. 김병욱 옮김.『가니메데스 유괴』. 서울: 수수꽃다리, 2004.

플래그, 패니. 김후자 옮김.『프라이드 그린 토마토』. 서울: 민음사, 2011.

타마뉴, 플로랑스. 이상빈 옮김. 『동성애의 역사―문학과 예술을 통해 본 동성애, 그 탄압과 금기의 기록』. 서울: 이마고, 2007.
탱, 루이-조르주. 이규현 옮김. 『사랑의 역사―이성애와 동성애 그 대결의 기록』. 서울: 문학과지성사, 2010.
카플란, 레온. 박영구 옮김. 『모나리자 신드롬―여성처럼 느끼는 남성, 남성처럼 느끼는 여성』. 자작, 2002.

자료

『아하! 섹슈얼리티 프로그램 가이드북』. 아하서울시립청소년성문화센터, 2013.
『학교에서 무지개길 찾기 가이드북』. 청소년성소수자위기지원센터 띵동, 2018.
『우리가 알아야 할 바른 진실들』. 바른정보연구소, 2016.
＊해당 홈페이지에서 다운받을 수 있습니다.

그림책

사랑해 너무나 너무나(And TANGO Makes Three)
피터 파넬·저스틴 리처드슨 글 | 헨리 콜 그림 | 강이경 옮김 | 담푸스, 2005

뉴욕 센트럴 파크 동물원에서 실제 있었던 일을 소재로 펭귄 로이와 실로 그리고 아기 펭귄 탱고의 이야기를 그려냈습니다. 사랑과 나눔, 가족의 의미를 알려주는 그림책입니다.

뜨개질하는 소년(Made by Raffi)
크레이그 팜랜즈 글 | 마가렛 체임벌린 그림 | 천미나 옮김 | 책과콩나무, 2014

콩닥콩닥 시리즈 7권인 『뜨개질하는 소년』은 뜨개질과 바느질을 좋아하는 남자아이 이야기를 통해 나와 다른 사람을 이해하고 편견 없이 세상을 바라보는 눈이 중요함을 일깨워줍니다.

첫사랑 (Prva Ljubezen)
브라네 모제티치 글 | 마야 카스텔리츠 그림 | 박지니 옮김 | 움직씨, 2018

봄날 새싹 같은 아이들의 '사랑' 이야기이자 세상이 억지로 '우정'으로 이름 붙인, 잃어버린 시간과 감정에 대한 그림책입니다. 퀴어뿐 아니라 모든 이들에게 특별한 감정과 시간을 환기시켜 줍니다.

꽁치의 옷장엔 치마만 100개
이채 글 | 이한솔 그림 | 리잼, 2015

열 살 남자아이 꽁치를 주인공으로 하여 성적 지향과 성별 정체성에 대해 쉽고 재미있게 담아낸 그림책입니다. 사회가 규정 지은 남자로만 살아가지 않는 꽁치가 부딪히는 문제들을 통해 성적 지향과 성별 정체성을 다시 생각하게 해줍니다.

사랑에 빠진 토끼(A Day in the Life of MARLON BUNDO)
말런 분도·질 트위스 글 | EG 켈러 그림 | 김지은 옮김 | 비룡소, 2018

같은 성의 토끼 커플을 통해 '서로 다름의 소중함'과 '사랑'의 메시지를 전하는 책입니다. 평소 성소수자 권리를 인정하지 않던 미국 제48대 부통령 마이크 펜스와 그의 가족 이야기를 담은 『토끼 말런 분도의 하루』(A Day in the Life of Marlon Bundo)를 패러디한 것으로 출간 후 아마존 베스트셀러 1위에 올랐습니다. 차별과 혐오를 넘어서서 연대로 나아가는 길을 모색합니다.

영화

■ 성소수자와 신앙

두 개의 사랑(L'amant double, The Double Lover, 프랑스, 2017)
감독: 프랑소와 오종, 주연: 마린 바크스, 제레미 레니에

바비를 위한 기도(Prayers for Bobby, 미국, 2009)
감독: 러셀 멀케이, 주연: 시고니 위버, 헨리 체르니

보이 이레이즈드(Boy Erased, 미국, 2018)

감독: 조엘 에저튼, 주연: 루카스 헤지스, 니콜 키드먼, 조엘 에저튼, 러셀 크로우

■ 성소수자의 사랑과 성장

더 월 2(If These Walls Could Talk 2, 미국, 2000)
감독: 앤 헤이시, 주연: 엘리자베스 퍼킨스, 리사 웰티, 제니 오하라, 폴 지아마티

로렌스 애니웨이(Laurence Anyways, 캐나다 외, 2012)
감독: 자비에 돌란, 주연: 멜빌 푸포, 수잔 클레망, 나탈리 베이, 모니아 초크리

모리스(Maurice, 영국, 1987)
감독: 제임스 아이보리, 주연: 제임스 윌비, 휴 그랜트

브로크백 마운틴(Brokeback Mountain, 미국/캐나다, 2005)
감독: 이안, 주연: 히스 레저, 제이크 질렌할

브루클린의 파도(Beach Rats, 미국, 2017)
감독: 엘리자 히트먼, 주연: 해리스 디킨슨, 메이들린 웨인스타인, 케이트 호지

소년은 울지 않는다(Boys Don't Cry, 미국, 1999)
감독: 킴벌리 피어스, 주연: 힐러리 스웽크, 크르로에 세비니, 피터 사스가드

윤희에게(한국, 2019)

감독: 임대형, 주연: 김희애, 나카무라 유코

캐롤(Carol, 영국/미국/프랑스, 2016)

감독: 토드 헤인즈, 주연: 케이트 블란쳇, 루니 마라

타오르는 여인의 초상(Portrait de la jeune fille en feu, 프랑스, 2019)

감독: 셀린 시아마, 주연: 노에미 멜랑, 아델 에넬

헤드윅(Hedwig and the Angry Inch, 미국, 2002)

감독: 존 카메론 미첼, 주연: 존 카메론 미첼

후회하지 않아(No Regret, 한국, 2006)

감독: 이송희일, 주연: 이영훈, 김남길

■ 에이즈를 둘러싼 이야기

달라스 바이어스 클럽(Dallas Buyers Club, 미국, 2013)

감독: 장 마크 발레, 주연: 매튜 맥커너히, 제니퍼 가너, 자레드 레토

필라델피아(Philadelphia, 미국, 1993)

감독: 조나단 드미, 주연: 톰 행크스, 덴젤 워싱턴

■ 성소수자들의 연대와 인권

런던 프라이드(Pride, 영국, 2014)

감독: 매튜 워처스, 주연: 빌 나이, 이멜다 스턴톤, 벤 슈네처

로렐(Laurel, 미국, 2016)
감독: 피터 솔렛, 주연: 줄리안 무어, 엘렌 페이지

영화제, 연극제

한국 퀴어영화제 KQFF
https://www.kqff.co.kr
성소수자의 삶을 밀도 있게 바라보는 영화제로 한국 영화의 다양성을 높이고 성소수자의 인권과 문화 증진을 위해 "퀴어의 창을 열다"라는 기조 아래 매년 서울에서 개최되고 있습니다. 개최 시기는 홈페이지를 통해 확인할 수 있습니다.

서울국제프라이드영화제
https://sipff.kr
국내 최대 규모의 성소수자 영화제로 한국 사회에서 쉽게 접하기 어려운 성소수자 영화를 전문적으로 상영함으로써 세계 각국의 다채로운 성소수자의 삶과 이야기를 접할 수 있는 기회를 제공합니다. 자신이 제작한 영화로 공모작 부문에 참여할 수도 있습니다. 개최 시기는 홈페이지를 통해 확인할 수 있습니다.

퀴어연극제 QUEER PLAY FESTA

https://www.facebook.com/queerplayfesta

퀴어 연극에 관심 있는 사람들이 자발적으로 모여서 만드는 창작연극제입니다. 매년 12월에 참가자 모집이 이루어지고 1월부터 오리엔테이션, 팀 구성, 라인업 선정 후 3월부터 11월까지 매달 마지막 주 주말에 공연이 이어집니다. 관심 있는 사람은 누구나 참여할 수 있습니다.

성소수자에 대한 세계교회 입장

교파	입교	성직	동성결혼 주례	동성결혼
네덜란드개신교회	예	예(순결서약)	예	아니오
노르웨이국교회	예	예	예	예
덴마크국교회	예	예	예	예
독일개신교협의회	예	예	입장이 서로 다름	입장이 서로 다름
로마가톨릭교회	예	예(순결서약)	아니오	아니오
메트로폴리탄 공동체교회	예	예	예	예
미국복음주의 루터교회	예	예	입장이 서로 다름	입장이 서로 다름
미국성공회	예	예	예	예
미국연합감리교회	예	아니오	아니오	아니오

교파	입교	성직	동성결혼 주례	동성결혼
미국연합그리스도교회	예	예	예	예
미국장로교회	예	예	예	예
벨기에연합개신교회	예	예	예	예
북미기독교개혁교회	예	예(순결서약)	아니오	아니오
성공회(스코틀랜드)	예	예	입장이 서로 다름	아니오
성공회(잉글랜드)	예	예	입장이 서로 다름	아니오
스웨덴국교회(루터교)	예	예	예	예
스위스개신교연맹	예	예	입장이 서로 다름	아니오
이아슬란드국교회	예	예	예	예
연합교회	예	예	예	예
영국감리교회	예	예	예	아니오
캐나다복음주의 루터교회	예	예	예	예
캐나다연합교회	예	예	효력 없음	예
프랑스연합개신교회	예	예	예	예
핀란드복음루터교회	예	예	예	아니오
한국감리교회	아니오	아니오	아니오	아니오
*한국기독교장로회의 경우 성소수자목회연구위원회를 구성하여 연구 중				
한국순복음교회	아니오	아니오	아니오	아니오
한국장로교회	아니오	아니오	아니오	아니오
한국침례교회	아니오	아니오	아니오	아니오

모두가 바라던

차별금지 2

안내서 제작 과정

- 『우리들의 차이에 직면하다』 출판(2015. 11. 24.)
- 『완전한 포용을 위하여』 출판(2017. 9. 15.)
- 정의·평화위원회 65-3차 회의, 성소수자교인목회 연구를 위한 소위원회 조직 결의(2017. 9. 26.)
- 성소수자교인목회연구소위원회 조직을 위한 TFT 1차 회의(2017. 10. 30.)
- NCCK 제66회 총회, 성소수자교인목회연구소위원회 조직을 위한 TFT 구성 보고(2017. 11. 20.)
- 정의·평화위원회 성소수자교인목회연구소위원회 조직을 위한 TFT 2차 회의(2017. 12. 5.)
- 정의·평화위원회 성소수자교인목회연구소위원회 조직을 위한 TFT 3차 회의(2018. 1. 10.)
- 정의·평화위원회 66-1차 회의, 성소수자교인목회연구소위원회 조직 결의(2018. 2. 12.)
- 성소수자교인목회연구소위원회(이하 "소위) 66-1차 회의, 위원회 조직 및 사업 방향 논의(2018. 3. 22.)
- 소위 66-2차 회의, 국제심포지엄 준비(2018. 5. 3.)
- 국제심포지엄 "Ecumenical Consultation on Gender and Sexuality Journey Together: Toward Inclusive and Affirming

Mi-nistry"/"함께하는 여정: 포용과 환대의 공동체를 향하여" 개최(2018. 5. 17-18.)
- 정의·평화위원회 66-3차 회의, 현재 한국교회 상황을 고려하여 원론적인 부분부터 차근차근 다뤄나가기로 결의(2018. 6. 19.)
- 소위 66-3차 회의, Ecumenical Consultation 후속 사업으로 해외 교회와 협력하여 성소수자 목회 매뉴얼 발간하기로 결의(2018. 7. 5.)
- NCCK 제67회 총회, 성소수자 목회 매뉴얼 개발을 위한 3개년 계획 승인(2018. 11. 15.)
- 정의·평화위원회 67-3차 회의, 성소수자교인목회연구소위원회 위원을 실질적으로 연구에 기여할 수 있는 이들로 새롭게 구성한 후 매뉴얼 제작 등의 사업을 펼쳐가기로 결의(2019. 6. 3.)
- 소위 67-1차 회의, 소위의 역할과 목표에 관한 토론, 목회 매뉴얼 구상(2019. 10. 22.)
- NCCK 제68회 총회, 성소수자 목회 매뉴얼 발간 및 설명회 승인(2019. 11. 18.)
- 소위 68-1차 회의, 세계교회 목회 지침 작성과 성과, 한국교회 현실에 맞는 목회 지침에 관한 토론(2019. 11. 21.)
- 소위 68-2차 회의, 해외교회 매뉴얼 연구, 한국교회 매뉴얼에 관한 토론(2019. 12. 20.)

- 소위 68-3차 회의, 매뉴얼 성격, 방향, 목차 논의(2020. 1. 9.)
- 소위 68-4차 회의, 목차 확정(2020. 1. 29.)
- 소위 68-5차 회의, 각 단원별 초안 검토 및 수정보완(2020. 4. 16.)
- 소위 68-6차 회의, 각 단원별 초안 검토 및 수정보완(2020. 5. 6.)
- 소위 68-7차 회의, 각 단원별 초안 검토 및 수정보완(2020. 6. 9.)
- 소위 68-8차 회의, 각 단원별 수정사항 검토(2020. 7. 2.)
- 정의·평화위원회 68-2차 회의, 11월 중 매뉴얼 출판 결의(2020. 9. 24.)
- 소위 편집위원회, 매뉴얼 최종점검(2020. 9. 25. / 10. 9.)
- NCCK 관련위원회 내부토론회(2020. 10. 14.)
- 소위 68-9차 회의, 내부토론회 수정 의견 보완(2020. 10. 22.)
- 소위 69-1차 회의, 감수 결과 등 수정사항 검토(2021. 2. 2.)
- 정의·평화위원회 69-3차 회의, NCCK 정의평화위원회 성소수자교인목회연구소위원회 명의로 매뉴얼을 출판할 것을 원칙으로 추진하되 여의치 않을 경우 외부 단체를 통해 출판하는 방식도 고려하기로 결의(2021. 6. 30.)
- 전문가와의 간담회(2021. 3. 15.)
- 총무면담(2021. 11. 30) NCCK 이홍정 총무가 NCCK는 내부에서의 활발한 논의를 통해 환대하는 교회로의 전환을 모색하고자 하며, 이를 위해 본 매뉴얼 초안을 실행위에 보고하고 공론

의 장을 마련하는 것이 좋겠다는 의견을 제시했으며, 소위에서는 매뉴얼은 신학적 입장문이 아니라 길잡이이자 지금 당장 위로와 환대가 필요한 이들에게 손을 내미는 행위이므로 더 이상 늦추기 어렵다는 의견을 피력했음. 이와 같은 논의를 통해 제3의 기관(한국기독교사회문제연구원)을 통해 출판하기로 하다. NCCK는 이를 계기로 교회가 성소수자 교인을 어떻게 대할 것인가에 관한 대화와 소통의 장을 지속적으로 마련하기로 하다.
- 최종 편집본 확정(2021. 12. 6.)

▎성소수자교인목회연구모임

성소수자목회연구모임은 2018년 조직된 한국기독교교회협의회 정의·평화위원회 산하 성소수자교인목회연구소위원회로부터 시작되었습니다. 누구든 그 존재 자체로 존중받으며 안전하게 함께하는 신앙공동체를 바라며 논의를 시작했고, 앞으로도 차별 없는 그리스도의 공동체를 일구어가는 일에 힘쓰고자 합니다.